管理学专著系列

贵州省重点支持学科：贵州商学院“工商管理”（黔学位合字 ZDXK〔2016〕18 号）
贵州商学院博士科研启动基金：我国人力资本对区域经济增长的影响（黔商合 BSKY〔2018〕007）

我国人力资本与产业发展匹配关系研究

WO GUO REN LI ZI BEN YU
CHAN YE FA ZHAN PI PEI GUAN XI YAN JIU

杨 超 著

企业管理出版社
ENTERPRISE MANAGEMENT PUBLISHING HOUSE

图书在版编目（CIP）数据

我国人力资本与产业发展匹配关系研究 / 杨超著.
- 北京：企业管理出版社，2021.11

ISBN 978-7-5164-2392-9

Ⅰ. ①我… Ⅱ. ①杨… Ⅲ. ①人力资本 - 关系 - 产业发展 - 研究 - 中国 Ⅳ. ①F249.21②F269.2

中国版本图书馆CIP数据核字(2021)第093022号

书　　名： 我国人力资本与产业发展匹配关系研究
作　　者： 杨　超
责任编辑： 寇俊玲　于湘怡
书　　号： ISBN 978-7-5164-2392-9
出版发行： 企业管理出版社
地　　址： 北京市海淀区紫竹院南路 17 号　　邮编：100048
网　　址： http://www.emph.cn
电　　话： 编辑部（010）68701661　发行部（010）68701816
电子信箱： 1502219688@qq.com
印　　刷： 北京虎彩文化传播有限公司
经　　销： 新华书店
规　　格： 700 毫米 × 1000 毫米　16 开本　15 印张　202 千字
版　　次： 2021 年 11 月 第 1 版　2021 年 11 月 第 1 次印刷
定　　价： 78.00 元

前 言

人力资本作为经济增长的一个重要因素，受到学术界和政府的高度重视，每年都会出现不少关于人力资本研究的高质量论文和高级别课题。但在实际生活中，人们往往将“人力资本”和“人力资源”相混淆。人力资本理论发展至今，学者们从研究人力资本的形成、人力资本与经济增长的关系，到研究人力资本的“异质性”、人力资本的结构，以及教育基尼系数等，研究愈加宽泛和深入。同时，心理学、计量经济学等学科的发展，以及统计数据的丰富，也使人力资本的计量研究愈加多样和精确。在我国供给侧结构性改革、经济结构转型升级的大背景下，人力资本的存量、结构等问题越来越受到重视，这从最近几年各地的人才引进政策可以看出。

以海南、西安、成都、长沙等为代表的省市为了争取年轻的高层次人才出台了一系列购房、落户、补贴等方面的优惠政策，并迅速影响全国大部分地区。这些政策无不体现出地方政府对人力资本的重视。作者博士的研究方向正是人力资本，曾经干劲十足地准备以博士毕业论文《我国地区间人力资本结构与经济增长关系的实证研究》为基础进行相关政策分析解读并出版，但由于各种原因至今才正式完成。

本书共十一章内容。首先梳理了经济学理论的发展历程及流派；其次分别阐述了人力资本的相关概念和理论、我国人力资本的形成（教育投入、医疗卫生投入）、人力资本的流动与聚集、人力资本的分类及测量、人力资本的传递及机制、人力资本及其结构对经济增长影响的理论分析；

最后，在实证分析部分，解析了我国各地区的人力资本存量、结构对经济增长的影响，重点分析了贵州省人力资本与产业结构的匹配发展。

本书的写作力图突出以下几个特点。一是系统性，本书从经济学理论的大致发展历程开始，进而阐述人力资本理论的起源与发展，系统介绍了人力资本的理论渊源、研究范畴和研究现状。二是理论性，本书围绕人力资本这一核心，阐述了人力资本的各种相关理论及这些理论的基本应用。三是实践性，围绕我国人力资本的形成，阐述了我国教育、医疗卫生的制度变迁和经费投入的变化，以及我国人口流动的变动等，并对我国地区间人力资本存量、结构与经济增长做了实证分析。由于作者水平有限，以及一些数据、资料收集方面的困难，本书还存在诸多不足，恳请同行和专家批评指正。

本书在写作过程中，参考和引用了大量相关论文、图书、报刊等公开发表的资料，在此谨向所有相关作者表示感谢。在本书的写作及出版过程中，也受到了贵州商学院孙龙建教授及企业管理出版社各位编辑的大力支持与鼓励，在此深表感谢。

本书同时受到贵州省重点支持学科：贵州商学院“工商管理”（黔学位合字ZDXK〔2016〕18号），贵州商学院博士科研启动基金：我国人力资本对区域经济增长的影响（黔商合BSKY〔2018〕007）的资助，在此一并表示感谢。

杨 超
2021年6月

目 录

第一章

经济学理论的发展历程及流派

谈论起经济学这门学科，我们首先想到的是简·丁伯根、保罗·萨缪尔森、西蒙·库兹涅茨、约翰·希克斯、肯尼斯·约瑟夫·阿罗等这些耳熟能详的经济学大家，或者早期的亚当·斯密、李嘉图、弗兰西斯·培根、威廉·配第、萨伊等在历史上熠熠生辉的著名学者。由此我们可以问两方面的问题。第一，经济学由何而来？在这些著名学者的经典著作出现之前，经济学是否存在？第二，经济学是如何发展演变的？早期经济学和现代经济学分别在研究什么？各有什么样的理论观点？关于经济学的历史已有众多著作详细讲解，本章将按照经济学研究发展的脉络简要梳理其不同历史阶段及典型学术流派。

现代经济学起源于西方，从零星的经济思想发展到成体系的理论，经历了漫长的时期，并且因为生产力水平、政治制度及经济学本身的发展，不同时期的经济学关注的重点、研究的方法等都各不相同。我国对西方经济学的态度大致经历了批判、全方位引进、选择性学习应用三个不同阶段。我国财经类专业大学生学习经济学主要以宏观经济学和微观经济学两门主干课程为开端。高校教材主要以介绍西方经济学的基本概念、理论和方法为主，并没有介绍经济学的起源及发展历程。部分院校会以选修课的形式开设“经济学史”“经济学思想史”“经济学研究方法”一类的课程，介绍经济学的起源、发展、流派和方法等内容。本章将简要介绍西方经济学的起源、发展，以及经济学各个流派和其主要思想、方法，对经济学的历史脉络有一个大致的梳理。

一 经济思想萌芽时期

经济思想的萌芽最早可以追溯到古希腊时代，代表人物包括色诺芬、柏拉图和亚里士多德等人。

1. 色诺芬的经济思想

色诺芬（约前440—前355）是著名的古希腊哲学家苏格拉底的学生，其经济学的代表著作有《经济论》《雅典的收入》《居鲁士的教育》。《经济论》形成于公元前387年至公元前371年之间，该书主要记录的是色诺芬与苏格拉底等人关于如何管理庄园的对话，“经济（Economy）”这一概念就起源于该著作。色诺芬所处的时代还属于奴隶制时代，他对经济理论的阐述主要是对庄园管理的一些思考。色诺芬提出的“经济”，实际是家庭经济或家庭管理，研究的是农场主如何有效管理自己的财产，让自己的财富不断增加。同时，他还定义了财富的概念，认为具有使用价值的东西才是财富。

色诺芬《雅典的收入》（约前355）一书研究的问题则更加宏观，他从国家的角度出发研究雅典的财政问题。在该书中，色诺芬就如何提高雅典的收入，阐述了外商投资的管理、国际贸易的开展、商事法院制度的完善等问题。他还从银矿的开发管理出发，提出了人们喜欢储藏白银不亚于使用白银，因为白银的流通性强。实际上，他的研究已经涉及对货币职能的分析。

在《居鲁士的教育》中，色诺芬阐述了分工的重要性。他认为一个人不可能精通所有的技艺，大城市由于需求的多样性和需求量大的特点，分工要比小城镇更加细化，结果在大城市生产的产品要比小城镇更加精美。色诺芬还阐述了农业对国家的重要性，认为“农业是其他技艺的母亲和保姆”，其他行业都依附于农业，各行业的兴衰要受到农业兴衰的影响。

2. 柏拉图的经济思想

柏拉图（前427—前347）也是苏格拉底的学生，他的著作很多，经济学方面的代表作有《理想国》和《法律论》。

在《理想国》（前404）中，柏拉图认为财富和穷困是社会的两大罪恶，一个国家的富裕阶层和贫困阶层会不可避免地产生冲突，因此他设想出了一个“理想国”。理想国中的人分三个阶层：最高级的执政者，负责治理国家；第二等级的战士，负责保卫国家；第三等级的农民、商人和手工业者，专事生产，负责提供生活资料。社会各阶层应严格分工，分工使人们的技艺更加精湛，提供的产品更加精美，生产更有效率。

柏拉图认为农业是国家的经济基础，同时肯定了手工业和商业的必要性。他认为，既然有分工，就必有交换，有交换就有了商业和市场，有了市场就必须要有货币。他肯定货币的流通职能和价值尺度职能，但反对储藏货币，主张禁止商业放贷。

3. 亚里士多德的经济思想

亚里士多德（约前384—前322）是柏拉图的学生，他的研究范围很广，对当时的主要学科都有深入研究。亚里士多德的经济学代表作包括《伦理学》和《政治论》。

亚里士多德并不完全赞同柏拉图《理想国》中消灭家庭的思想，他认为城市是自然发展的产物，家庭是组成国家的最小单位，国家是由众多家庭联合组成的，国家比家庭要重要。亚里士多德和色诺芬一样，也系统研究了家庭管理，他的研究比色诺芬的研究更加系统和精确。亚里士多德的研究包括两方面内容：一是家庭中成员之间的权利关系；二是如何使家庭财富增加。亚里士多德认为增加家庭财富有两种手段：一种是将家庭财富、生产资料通过合理的分配、使用管理好，以更好地满足家庭成员的消费需要；二是增加

“货殖”，也就是通过放款收息等手段使货币增值。

亚里士多德将物品的用途分为两类：一类是物品的使用价值，为物品的固有属性；另一类是物品的交换价值，亚里士多德的研究实际上已经涉及“商品”这一概念的界定。亚里士多德还分析了商品流通过程的演变：从“商品—商品”的物物交换，到“商品—货币—商品”（这一流程中货币仅作为流通手段），再到“货币—商品—货币”（这是货币增值的过程），实际上他已经分析出货币流通的职能和资本的职能。亚里士多德的伟大贡献还在于他在讨论公平问题时，提出了商品等值交换的观点。

经济思想的萌芽产生于处在奴隶制时代的古希腊，当时的思想家、经济学家都是统治阶级的代表，他们的学说在于解释和服务当时的社会生产关系。他们的学说具备四个共同点：第一，推崇自然经济，力图完善庄园主制度；第二，高度肯定农业对国家的重要性，并论证社会分工的优势和必要性；第三，对商品、货币、商业流通等做了初步分析；第四，肯定手工业、商业的必要性，但又轻视手工业者和商业从业者，同时极力反对高利贷。

二　重商主义时期

色诺芬等人的学说产生于奴隶社会，主要解释的是奴隶制时代的生产关系。15世纪至17世纪，欧洲社会正经历由封建社会向资本主义社会的转型，色诺芬等人在一千多年前提出的学说显然不能完全解释或指导这一时期的社会生产，重商主义经济学派因而产生。重商主义学派诞生于15世纪末，于17世纪中叶开始衰落，并被古典经济学派取代。

航海业高速发展、地理大发现等一系列事件促使封建主义的生产关系解体，新的资本主义的生产关系建立起来。这一时期商贸流通高速发展，社会的主要生产关系是商业支配产业，流通支配生产，由于商业和流通业处于支配地位，因此商业资本的力量要大于产业资本的力量，以商业的流通过程为研究重点的重商主义学派逐渐形成。

重商主义学派分早期和晚期两个阶段。早期的代表人物有托马斯·阿奎那（1225—1274），约翰·海尔斯（？—1571），威廉·斯塔福（1554—1612），博丹（1530—1596），孟克列钦（1575—1621）。晚期的代表人物是托马斯·孟（1571—1641）。

1. 托马斯·阿奎那的经济思想

托马斯·阿奎那的经济思想主要体现在他的著作《神学大全》一书中，涉及了公平价格、货币、商业、利息等经济问题。公平价格在早期的经济思想萌芽中就有提及，阿奎那的老师马格努最早对此进行了理论论述，阿奎那继承和发展，认为劳动消耗是价格公平的依据，这也是后来马克思提出社会必要劳动时间、劳动价值论观点的早期理论依据之一。阿奎那对公平价格的解释还比较混乱，但他的一些观点确实对后期一些理论产生了影响。如阿奎那认为同一物品对不同人的效用是不同的，物品价格的高低取决于该物品的效用高低，也就是物品的效用决定物品的公平价格，这一分析可谓开启了效用价值理论之先河。此外，阿奎那还认为供给与需求的关系也会影响公平价格。关于货币，阿奎那认为货币本身应当有稳定的价值，是衡量商品的尺度，并能为未来的财富担保。阿奎罗一方面贬低商业，一方面又为商业利润进行辩解，认为商人在商业活动中付出了劳动、承担了风险，理应获得对应的利润。同时，阿奎那一面反对放贷行为，一面又为该行为进行辩解，认为放贷者承担了本金可能损失的风险，应当获取一定的利息收益。

约翰·海尔斯和威廉·斯塔福在他们的著作《英吉利王国公共福利对话

集》中，提出将货币储存在英国而不外流的主张，以此来增加英国的货币财富积累。同时，他们还反对英国从国外进口商品，特别是奢侈品，认为这将导致英国的货币外流。博丹作为重商主义学派在法国的代表，提出法国物价的上涨是由于市场上货币的数量过多，最早提出了货币数量学说。孟克列钦在他的著作《献给国王和王后的政治经济学》中，系统地阐述了手工业、商业、航海业和国家经济政策等问题，重点强调了商业的重要地位。孟克列钦的超前性贡献还在于提出，一个国家的富足不是取决于该国金银等货币数量的多少，而是取决于拥有的生活必需品的多少。在该著作中，孟克列钦首次提出了“政治经济学”这一概念。

2. 托马斯·孟的经济思想

托马斯·孟是重商主义学派晚期的代表，他的主要经济学著作有《论英国与东印度公司的贸易》和《英国得自对外贸易的财富》，这两部著作都是为了反对英国货币大量外流而撰写的。托马斯·孟提出了贸易差额理论，提出在对外贸易中必须做到出超，即出口的商品必须大于进口的商品，这样就可以使外国货币流入本国，如果相反，即出口的商品小于进口的商品，则本国货币外流。托马斯·孟的贸易差额理论首次提出了贸易顺差和贸易逆差的概念。

3. 重商主义的特点

与早期的经济思想相比，重商主义鼓励商业流通，强烈追求货币价值，认为对外贸易（特别是贸易顺差）能够带来国家货币的增加。重商主义强调了国家对经济调控的重要作用，认为国家对经济的干预能够保护本国的工商业和外贸业，可采取反对垄断、关税等政策措施。重商主义已经认识到人口的重要性，特别是技术工人和科学技术人才对国家的重要性，认为人口是国家的重要资源，鼓励国家要更多地增加人口。重商主义早期禁止货币流出，只是将货币视为储藏手段，晚期则鼓励货币流通，认为贸易顺差能够增加本国的货币积累。重商主义晚期更加重视本国商品的生产，认为这是国家对外贸易顺差的基础。

三 重农主义时期

重农主义学派产生于18世纪中叶，当时，法国的工商业已获得相当程度的发展，但落后的生产关系、不恰当的经济政策依然主导着法国，造成了法国的经济困难。以魁奈为代表的经济学家们试图从农业方面寻找突破口解决法国当时的经济问题。重农主义学派的主要代表人物有魁奈（1694—1774）、杜尔哥（1721—1781）等人。

1. 魁奈的经济思想

魁奈的主要著作有《农民论》《谷物论》《人口论》《租税论》《利息论》《经济表》和《经济表的分析》，其中最有影响力的著作是《经济表》和《经济表的分析》。

魁奈提出的“纯产品”的概念实际上已经接触到剩余价值的分析，他认为农业生产中扣除生产消耗和生活消费的剩余部分就是纯产品，并认为纯产品的增加提高了国家财富的积累，但他同时认为在所有的国民生产部门中只有农业部门才生产“纯产品”。同时，从纯产品的角度出发，魁奈将劳动区分为生产劳动和非生产劳动。

魁奈还提出了“预付”这一概念，并将预付分为“年预付”和“原预付”，按照魁奈对年预付和原预付的解释，实际上这两个概念对应的就是流动资本和固定资本。对于“等价交换”，魁奈也进行了解释，他认为生产费用相同的商品才能相互交换。

魁奈在他的代表作《经济表》中试图说明社会总资本的再生产和流通过程，这是经济学史上第一次对这一重大问题进行解释。在《人口论》中，魁奈解释了人口增长与财富的关系，提出人口与财富应维持一个合理的比例，一旦这一比例破坏，特别是人口过多时，国家将越来越贫穷，人口越多，居民的收入水平和生活水平将越低。

2. 杜尔哥的经济思想

杜尔哥最重要的代表作是《关于财富的形成和分配的考察》。杜尔哥主要集中于对财富问题的研究，着重考察了财富的形成和收入的分配。

杜尔哥将是否占有资本作为区分资本家和雇佣工人的标准，他还首次提出了“利润”的概念，并将之视为一个经济问题单独考察。关于利润的来源，杜尔哥认为节约工资、地租、利息、投资都是利润的来源。杜尔哥还研究了“价值”这一概念，他认为价值应当包括两部分，即人对物品的主观评价和市场对物品决定的客观价值。

3. 重农主义学派的特点

西方经济家认为重农主义学派对后来的古典经济学派及其他经济思想都产生了重要的影响。重农主义学派重视农业，反对重商主义，认为农业应当为国民经济之首。在经济政策上，重农主义学派大力提倡经济自由，强调遵守自然秩序，反对国家干预经济生活，但同时认为政府对个人财产权力利经济自由的保障是社会繁荣的重要基础。

四　古典经济学时期

1. 古典经济学的形成时期

重农主义学派部分解释了资本主义的生产关系，但17世纪中叶的英国，资产阶级革命和工业快速发展，工业的生产关系成了经济问题的中心。因此，古典经济学把理论研究的重心由流通领域转移到生产领域，关注资本积累、经济增长、生产方式改进、分配机制改进等问题的研究。古典经济学的代表包括弗兰西斯·培根（1561—1626）、托马斯·霍布斯（1588—1679）、威廉·配第（1623—1687）、亚当·斯密（1723—1790）等人。

弗兰西斯·培根的哲学被称为“实验哲学”，强调市场的作用，认为自由竞争市场能够充分调配资源，保证经济的稳定与增长。培根反对政府对市场的干预，认为政府当好“守夜人”即可。

托马斯·霍布斯认为客观存在的物质构成了自然界，哲学研究的对象就是各种客观存在的机体。根据研究对象的不同可以分为以自然机体为研究对象的“自然哲学”和以人类社会行为为研究对象的“市民哲学”，实际上就是我们现在所分的“自然科学”和“社会科学”。托马斯·霍布斯还强调了数学方法在各类研究中的重要作用与意义。

威廉·配第是英国古典经济学研究的典型代表人物，按照马克思的说法，配第是现代政治经济学和统计学之父。配第最重大的贡献在于第一次系统地论述了经济学的方法论，这就为经济学成为一门独立的学科奠定了基础。配第将劳动视为商品价值的源泉，这又奠定了劳动价值论的基础。因此，恩格斯评价，“配第在政治经济学的几乎一切领域中所做的最初的勇敢尝试，都一一为他的英国后继者所接受，并且做了进一步的研究。”

亚当·斯密是经济学理论的集大成者，是古典经济学派的代表，一直到现在，部分经济问题的研讨还是围绕着斯密提出的一些问题的再探讨和延伸。

斯密的代表作为《国民财富的性质和原因的研究》，后简称《国富论》，发表于1776年。该书分为五篇。第一篇系统地论述了分工、交换、货币和交互价值，阐述了产品的分配关系，即工资、利润和地租之间的关系。第二篇讨论了资本的性质、用途和资本的积累，强调了资本的不断积累和合理利用是极端重要的。第三篇总结和考察了当时欧洲各国经济发展的经验和教训。第四篇论述了政治经济学的理论体系，是政治经济学最早的理论概论。第五篇论述了国家的收入、支出和债务问题，提出了公平、确定、便利、经济四大税收原则，是财政学最初的理论框架。

分工是斯密经济学说的核心，他认为，合理的分工可以有效提高劳动生产效率，原因有三：一是分工使工人只需要专注于一种劳动，提高了工人的熟练程度；二是分工不需要工人从一个工种转换到另外一个工种，避免了转换时间的浪费；三是分工容易改进劳动工具或机器，进而简化劳动。同时，斯密也提出了分工要受市场的限制，也就是说，市场的大小会决定生产过程中是否会进行分工。

斯密的理论既有对重农学派理论的继承，也有对其理论的拓展和颠覆。斯密《国富论》的五篇内容基本奠定了现代经济学的理论框架，后续几百年的研究都没有脱离斯密研究和讨论的范畴，所做的或是对其部分理论的深化、细化，或是对其部分理论的延伸，或是对其部分理论的推翻、颠覆。

2. 古典经济学的发展时期

18世纪、19世纪是西方资本主义快速发展时期，随着技术进步、机器化大生产工业体系的建立，社会分工越来越细，社会各阶层的矛盾也越来越尖锐，为了解释这些新现象，古典经济学也随之发展，主要代表人物有让·巴蒂斯特·萨伊（1767—1823）和大卫·李嘉图（1772—1823）等人。

让·巴蒂斯特·萨伊的代表作是《政治经济学概论》，发表于1803年。萨伊在此书中将斯密的经济理论予以条理化、系统化和简略化，主要内容包括绪论、财富的生产、分配和消费。萨伊被视为斯密理论“伟大的继承者”和政治经济学的权威，他主要继承了斯密的“收入构成论”。萨伊认为政治经济学的研究对象就是财富的生产、分配和消费，研究的是人和物的关系。萨伊研究的财富是社会财富，不包括大自然无偿提供的财富。

萨伊认为政治经济学与其他自然科学一样，在研究方法上是一门实验科学。为此，他将政治经济学的研究内容按生产（交换）、分配和消费分为三个部分，提出的“三分法”的研究方法。萨伊还提出了“生产三要素”理论，三要素即：劳动、资本和自然力。生产三要素论的基础是萨伊的价值论，萨伊认为，效用、供求、生产费用三个方面都影响价值，其中效用是影响价值的最主要因素。

继承亚当·斯密学说的另一位伟大的学者是大卫·李嘉图，他继承了斯密的“劳动价值论”。李嘉图最重要的著作是《政治经济学及赋税原理》，李嘉图在该著作中论述了价值理论、利润理论、国际贸易理论，并对他之前的经济理论进行了评论。

“劳动价值论”是李嘉图经济学说的基本点。李嘉图始终坚持商品的价值由生产过程中所耗费的必要劳动量决定，这一观点也被马克思继承。李嘉图学说的核心是“分配理论”，他认为利润的大小和资本的积累都受到分配关系的直接影响，分配关系影响了社会生产和国民经济的增长。在分配论的框架下，李嘉图还研究了工资、利润、地租等问题。关于货币，李嘉图认为货币是商品，因为生产货币需要耗费必要的劳动时间，同时他还认为货币具备价值尺度和流通手段的职能。李嘉图的货币理论提出了通货稳定的方案，主要有三点。其一，实行金本位制，认为贵金属具备内在的稳定价值，适合作为本位以衡量其他物品的价值；其二，以金本位为基础发行纸币；其三，国家必须严格控制纸币的发行量，与纸币发行相对应，国家必须有充足的金储备。可以看出，李嘉图的货币理论的主要观点和理论已为现代经济社会广泛接受和执行。

3.古典经济学的分化瓦解时期

18世纪30年代之后，以英国为代表的西方资本主义国家在生产技术和生产关系上都有了突飞猛进的发展，西方经济学界围绕着李嘉图的劳动价值论分为两个对立的学派：一派拥护李嘉图的学说，另一派激烈地反对李嘉图的学说，两个学派论战的结果是李嘉图学说的解体。这场论战中的典型代表包括弗雷德里克·巴师夏（1801—1850）、纳索·威廉·西尼尔（1790—1864）、詹姆斯·穆勒（1773—1836）和约翰·穆勒（1806—1873）等人。

弗雷德里克·巴师夏是当时欧洲自由贸易派的代表，主张贸易自由，他的代表作是《经济和谐》。巴斯夏经济和谐理论的中心思想是，在资本主义社会，经济自由竞争和平等交换是前提，在此前提下资本、劳动和才能都能在利益上达到和谐一致。巴师夏提出的经济自由主义代表了大资产阶级的利益，大资产阶级具备强大的竞争力，在经济自由主义的条件下，中小资产阶级不具备竞争力。

纳索·威廉·西尼尔的主要经济学著作是《政治经济学大纲》，出版于1836年。在《政治经济学大纲》中，西尼尔从心理学的角度解释了社会经济现象，提出了以“节欲论”为核心的经济学说。西尼尔将政治经济学定义为一门精密的纯经济科学。以往的经济学将劳动、自然资源、资本视为生产的三要素，西尼尔用“节欲”取代了“资本”，认为劳动、自然资源和节欲才是生产的三要素。关于“节欲”，西尼尔解释，这一行为虽然不创造财富，但有助于积累财富。

詹姆斯·穆勒是边沁功利主义的信奉者，主要的代表作是出版于1821年的《政治经济学纲要》。詹姆斯·穆勒是系统阐述李嘉图理论的第一人，但他又标志着李嘉图理论的解体。詹姆斯·穆勒积极为李嘉图的劳动价值论辩护，但他的辩护更多的是诡辩，完全扭曲了李嘉图的劳动价值论。同时，詹姆斯·穆勒在萨伊理论的基础上将政治经济学分为生产、分配、交换和消费四个部分。

约翰·穆勒是纯古典经济学和自由主义哲学的坚定支持者，他也是詹姆斯·穆勒的长子，历史上称詹姆斯·穆勒为大穆勒，约翰·穆勒为小穆勒。约翰·穆勒的代表作有1844年出版的论文集《略论政治经济学中若干未解决的问题》和1848年出版的《政治经济学原理及其在社会哲学上的应用》，二者均被视为19世纪以来经济学理论的集大成者。约翰·穆勒对古典经济学进行了综合，这一综合也标志着古典经济学的终结。古典经济学是研究生产关系的经济学，但随着资本主义生产关系的发展，生产过程中的矛盾越来越突出，经济学的研究逐步从生产扩展到消费、流通领域。

4.古典经济学研究的新方向

古典经济学的早期研究中都遵循供给决定需求的萨伊定律，但亚当·斯密之后，以西斯蒙第（1773—1842）和马尔萨斯（1766—1834）为代表的部分学者提出了新的主张，即认为应当是需求决定供给。

西斯蒙第是著名的经济学家和历史学家，他的经济思想经历了早期完全信奉古典经济学和后期反对古典经济学两个时期。西蒙在1803年出版的第一部著作《论商业财富或政治经济学原理在商业立法上的应用》中完全同意亚当·斯密的经济学说。但西斯蒙第在其1819年出版的《政治经济学新原理或论财富同人口的关系》中，对古典经济学提出了反对意见，否定了古典经济学中供给决定需求的萨伊定律，提出需求决定供给的新关系，并最早提出消费先于生产，指出资本主义经济危机的根源是消费不足，供过于求，这是经济学的一个新的分析范式。

西蒙的政治经济学思想与以往政治经济学的研究对象、研究方法和政治主张都截然不同。西蒙认为政治经济的研究中心是收入分配，重要的研究任务是分析人口和财富的比例关系。以往的政治经济学研究的是财富及增长，西蒙研究的是人们的幸福及增长。以往的政治经济学研究的分配基于生产，西蒙研究的分配是基于消费。关于财富和人口，西蒙认为资本主义人口过剩，这是他的学说中最有价值的观点。西蒙对政治经济的研究，在理性分析的基础上加入了伦理道德的观点，这一观点也被带到了现代经济的分析范式中。

托马斯·罗伯特·马尔萨斯的成名作是《人口原理》，主要著作包括《地租的性质与发展的研究》（1815）、《政治经济学原理》（1820）、《价值尺度》（1823）、《政治经济学定义》（1827）等，其中的代表作《政治经济学原理》系统地阐述了需求决定供给的理论。

五　现代经济学的形成和发展

1. 边际效用学派

19世纪70年代以来，随着机械、化工、电力电器等技术的出现和发展，资本主义工业，特别是重工业促使企业的规模越来越大，组织结构也快速发展，出现了垄断组织并且不断加强，经济危机频繁出现。古典的经济学已不能完全解释新的经济现象，现代经济学范式出现，现代经济学是在古典经济范式基础上的修订和补充。现代经济学出现于19世纪70年代西方经济学的“边际革命”，结束于20世纪30年代的“凯恩斯革命”。

边际效用学派是19世纪末诞生于欧洲的一个重要的学术流派，边际效用学派的理论和方法极大地影响了后来的微观经济学和宏观经济学。边际效用理论的核心思想是，产品的价值大小取决于人们的主观心理感受，满足人们最小欲望的一个单位的效用就是商品的价值。从人的主观欲望出发，通过效用来衡量产品的价值，这就涉及边际效用学派的两个分支，一支是从心理学的角度出发研究主观欲望等的心理分析理论体系，另一支是通过数学方法、模型等来描述、评价产品的效用。

边际效用理论的奠基者是德国人赫尔曼·戈森（1810—1858）。戈森在1854年提出了两个规律：一是效用递减规律，即随着人们对物品消费越多，物品给人们带来的愉悦程度、满足程度越低，直至最后饱和；二是边际效用相等的规律，即不同的物品组合方式可以给人们带来相等的总效用。戈森的这两个规律在现代西方经济学，特别是微观经济学中被广泛应用。到了19世纪70年代，杰文斯、瓦尔拉、门格尔几乎同时提出边际效用的相关理论，这三人与赫尔曼·戈森并无直接联系，但他们发现赫尔曼·戈森的边际效用理论后，均承认戈森的理论早于他们。

美国经济学家约翰·贝茨·克拉克（1847—1938）将边际效用理论的边界进行了扩大，他以边际效用为基础阐述了边际生产力的分配和分析方法。

克拉克认为，同产品的效用一样，生产要素的生产力也是递减的。类似于边际效用，边际生产力就是生产要素最末单位所产生的生产力。换言之，边际生产力的价值就是最后一个单位的生产力所生产的产品量，就是边际效用或边际生产力。克拉克认为土地、劳动和资本的生产力都是递减的，并将这一规律进行推广得出了一般性的“边际生产力递减规律”，结合边际效用递减规律，克拉克提出了边际生产力理论。克拉克的边际生产力理论的观点、方法，已广泛地被现代西方经济学，特别是微观经济学采用。

2. 数理经济学派

数理经济学派是边际效用学派的一个分支，该学派将边际效用理论和数学分析的方法结合在一起形成了一套主要以数学符号、函数表示，以微积分等方式推导的经济学研究方法，试图通过数学概括、数理推导来解释及预测各种经济现象，数理经济学派的代表人物包括杰文斯（1835—1882）、瓦尔拉（1834—1910）及帕累托（1848—1923）等。

威廉·斯坦利·杰文斯是英国经济学家，代表作有《政治经济学理论》（1871）、《货币与交换机构》（1875）和《政治经济学入门》（1878）等。杰文斯的研究主要从主观心理分析出发，研究个人的幸福感，从个人欲望的满足程度衡量主观效用价值，从个人对产品的满足程度来解释商品的价值。

杰文斯提出一个交换方程，说明商品的“交换理论”。商品交换理论主要阐述的是两个商品的交换率，交换率是两个商品各自最后效用的倒数。假设两个商品A和B相互交换，交换的数量分别用Y（A）和Y（B）表示，A和B各自最后的效用分别为U（A）和U（B），按照杰文斯的交换方程为：

$$\frac{Y(A)}{Y(B)}=\frac{U(B)}{U(A)} \tag{1-1}$$

上述方程可以变形为：

$$Y(A)\cdot U(A)=Y(B)\cdot U(B) \tag{1-2}$$

从这一变形的方程我们可以看出，两种商品A和B交换，交换成立的前提是交换的两种商品从效用、数量方面计算，交换的总效用应当是相等的。总效用相等的两种商品的交换，实现了等价交换。

里昂·瓦尔拉是法国经济学家，他在边际效用理论的基础上提出了一般均衡理论。瓦尔拉的代表作包括《纯粹政治经济学要义》（1874）、《社会财富的数学理论》（1883）、《社会经济学研究》（1896）、《应用经济学研究》（1989）等。瓦尔拉关于纯粹经济学的阐述主要有两个内容：稀缺价值论、一般价值分析。他认为市场均衡需要达到两个条件：一是交换者获得的效用最大化；二是总供给与总需求相等。瓦尔拉从一般均衡分析出发，解释了总供给、总需求、价格三者之间的关系，价格由均衡时总供给和总需求的数量关系决定。

维尔弗雷多·帕累托对瓦尔拉的一般均衡理论做了补充和发展，提出了序数效用论和无差异曲线。帕累托的代表作有《政治经济学讲义》（1896—1897）、《社会主义体系》（1902）和《政治经济学教程》（1906）。

帕累托最初继承了瓦尔拉的基数效用理论，认为边际效用可以用基本的数值来衡量，但后来他发现无法做到这一点，但发现人们对各种不同产品的边际效用可以用大小来排序，如效用第一、效用第二等，即序数效用。帕累托还在序数效用的基础上，提出了“帕累托最优状态”。帕累托最优状态指社会福利已经达到一种最优状态，任何改变都不可能使社会整体的福利状态有更优的改进。

基于边际效用原理，帕累托认为在总效用一定的情况下，消费者可以在两种可以互相替代的商品A和B之间进行多种选择，可以多消费A少消费B，也可以少消费A而多消费B，这些不同的组合选择连接起来就是无差异曲线，也就是说，在这条线上所有点的选择组合的总效用都是无差异的。

杰文斯、瓦尔拉、帕累托等人的数理经济学的理论、观点和方法还深刻影响着现代西方经济学，甚至很多理论、方法都被现代西方经济学直接运用。

3. 马歇尔和局部均衡论

阿弗里德·马歇尔（1842—1924）在古典经济学、数理经济学等学派的理论基础上，运用边际效用理论解释了许多微观经济现象，并建立了“局部均衡学说”，马歇尔的理论学说奠定了现代西方经济学微观经济学的理论基础。马歇尔及其学生长期在剑桥大学任教，因此马歇尔学派又被称为“剑桥学派”。马歇尔的学说是对古典经济学的继承和发展，马歇尔学派还被称为“新古典学派”。

马歇尔的主要代表著作有《经济学原理》（1890）、《工业经济学》（1879）、《工业与贸易》（1919）、《货币、信用与商业》（1923）等。以往的经济学研究往往冠以“政治经济学”，马歇尔认为经济学不仅仅局限于政治，经济学是研究人和社会财富的科学。在研究方法上，马歇尔用边际增量的方法分析各种经济现象及各种经济因素之间的关系。

马歇尔最主要的贡献是提出了“局部均衡理论”，其中的均衡包括静态均衡和动态均衡，这里的均衡指相反的两种作用力之间的关系。马歇尔均衡理论的基础包括需求理论和供给理论、消费者剩余理论和生产者剩余理论，由上述的均衡又提出了均衡价格、垄断价格和收入分配的理论。实际上，马歇尔的经济理论构成了现代西方经济学的微观经济理论。因此，马歇尔也被称为“微观经济学之父”。

4. 庇古和福利经济学

庇古（1877—1859）作为马歇尔的学生，进一步发展了马歇尔的经济学说，提出了“福利经济学”，被西方经济学界视为“福利经济学之父”。庇古的主要代表作为《福利经济学》（1920），该书阐述了福利经济学的基本概念和完整的理论体系。庇古将福利分为两类：一是广义的福利，包括对财产占用的满足，精神、情感、欲望等的满足，广义的福利无法准确衡量；二是狭义的福利，即经济福利，是能够以货币形式衡量出来的。庇古福利经济学的研究方法基于马歇尔的基数效用和局部均衡论。庇古之后，福利经济学得到了长足的发展，引入了序数效率和瓦尔拉的一般均衡论等，并广泛应用数学方法。

5. 凯恩斯学派

古典经济学的理论体系包括经济理论和货币理论，经济理论只研究物品价值和分配，货币理论只研究货币数量，两个理论相互独立，互不联系。以维克塞尔和凯恩斯为代表的现代经济学家意识到古典经济学理论体系的这种二分法的错误，他们通过利率关系将经济理论和货币理论进行了统一。凯恩斯否定了“萨伊定律”关于充分就业的理论假设，说明了“非均衡就业”的存在，这一转变被视为“凯恩斯革命”。

约翰·梅纳德·凯恩斯（1883—1946）是马歇尔的学生，他在马歇尔学说的基础上将经济学的研究从微观研究扩展到宏观经济问题的研究。凯恩斯最重要的著作为《就业、利息和货币通论》（1936），简称《通论》，这部著作展现了凯恩斯主义的基本原理，是西方经济学的重要著作，开创了现代西方经济学宏观经济理论的先河。

第一，凯恩斯的理论具备一般性，不再局限于“萨伊定律”的充分就业范围内；第二，他强调了经济结果未来的不确定性，经济学无法精确预测未来的结果；第三，提出了货币、利息和投资的关系与特点；第四，提出了有效需求的原理，以及消费倾向的一些心理法则。凯恩斯还否定了“市场调节”的万能作用，强调了政府宏观干预的必要性和政府经济调节的基本原理。

6. 制度学派

第二次世界大战之后，包括萨缪尔森在内的众多经济学家对凯恩斯的学说进行了开拓和发展。凯恩斯的理论已无法完全解释科学技术的迅猛发展、严重的经济危机等现象，制度学派、供给学派等新的经济学派相继产生。

制度学派分为早期制度学派和新制度学派。早期的代表人物有托尔斯坦·凡勃伦（1857—1929）等。凡勃伦强调制度的重要性，着重对制度的分析，在分析方法上强调经验的归纳和统计。制度学派在美国产生过一定的影响，但不属于主流。

早期制度学派忽视社会、政治、文化以及技术进步等因素对制度的影响，也无法完全解释新出现的经济问题，因此出现了以加尔布雷思和缪尔达尔为代表的新制度学派。

新制度学派继承了早期制度学派的基本观点、思想和分析方法，强调要对经济问题进行动态的研究，并强调经济理论应当有价值判断。新制度学派相对传统的经济学，研究范围更加宽泛，其研究涵盖：公众需要的满足，即“公共目标”的研究；企业的产权结构的分析；“二元”经济体系的分析等。新制度学派比较正视社会现实问题，同时强调科学技术进步对经济发展的正面影响。新制度学派认为，解决社会经济问题的根本途径就是对社会和经济制度进行改进。

7.古典经济学的回归

20世纪70年代出现的经济危机，用马歇尔、凯恩斯等人的理论都没法解释。因此，一些新的经济学派开始出现，包括货币学派、供给学派等。

货币学派出现于20世纪60年代后期的美国，代表人物为米尔顿·弗里德曼。该学派的核心思想是，一个国家货币的价值与货币的发行数量成反比例关系，即货币的发行数量越多，货币的价值越低；物价水平则与货币发行数量成正比例关系，即货币的发行数量越多，物价水平越高。

20世纪70年代后期，美国又产生供给学派，代表人物有阿瑟·拉弗、裘德·万尼斯基、保罗·罗伯茨、罗伯特·门德尔等人。供给学派是凯恩斯理论的反对者，凯恩斯认为失业产生的原因是有效需求或投资不足，即需求无法有效带动供给。但供给学派回归“萨伊定律”，认为供给能够自己产生需求，他们认为经济危机的产生是由于政府对经济过度干预，使市场不能有效发挥作用，供给不能有效创造需求。

货币学派和供给学派的经济思想或主张都能从古典经济学中找到依据或来源，也可以视作古典经济学在现代的回归。

现代西方经济学中，还有一个比较有影响的学派，即罗纳德·哈里·科斯创立的新制度经济学派。新制度经济学派采用新古典经济学的核心假定、研究方法和工具，研究社会经济制度，对原有的制度学派在方法、工具和研究对象上做了拓展。新制度经济学派主要的研究对象是产权制度、交易费用和经济组织，这也是现代西方经济学发展的一个新方向。

六　本章小结

随着社会生产力的不断进步，生产方式和生产关系不断改变，经济学的研究对象也随之不断变化，理论逐步成熟。从时间脉络看，经济学的发展先后经历了经济思想的萌芽、重商主义时期、重农主义时期、古典经济学时期、现代经济学时期等五个历史阶段。各个历史阶段出现不同的学术流派，归纳如表1-1所示。

表1-1　经济学各学派要点归纳

历史阶段	代表人物及代表作品	主要贡献
1.经济思想萌芽时期	（1）色诺芬：《经济论》《雅典的收入》《居鲁士的教育》 （2）亚里士多德：《伦理学》《政治论》	（1）经济这一概念起源于色诺芬的《经济论》，同时色诺芬还定义了的“财富”的概念 （2）亚里士多德提出了商品等值交换的观点

续表

历史阶段	代表人物及代表作品	主要贡献
2.重商主义时期	早期	
	（1）托马斯·阿奎那：《神学大全》 （2）约翰·海尔斯和威廉·斯塔福：《英吉利王国公共福利对话集》 （3）孟克列钦：《献给国王和王后的政治经济学》	（1）阿奎那的著作讨论到了包括公平价格、货币、商业、利息等经济问题的内容 （2）约翰·海尔斯和威廉·斯塔福提及国家财富的积累和对外贸易的问题 （3）孟克列钦系统阐述了手工业、商业、航海业和国家经济政策等问题，重点强调了商业的重要地位；他的贡献还在于提出一个国家的富足不是取决于该国金银等货币数量的多少，而是取决于拥有的生活必需品的多少
	晚期	
	托马斯·孟：《论英国与东印度公司的贸易》《英国得自对外贸易的财富》	托马斯·孟提出贸易差额理论，并批判早期重商主义禁止货币外流的观点，首次提出贸易顺差和贸易逆差的概念
3.重农主义时期	（1）魁奈：《农民论》《谷物论》《人口论》《租税论》《利息论》《经济表》《经济表的分析》 （2）杜尔哥：《关于财富的形成和分配的考察》	（1）魁奈提出的“纯产品”的概念实际上已经接触到剩余价值的分析，他还提出了“预付”概念 （2）杜尔哥主要集中于对财富问题的研究，着重考察了财富的形成和收入的分配
4.古典经济学时期	（1）威廉·配第 （2）亚当·斯密：《国民财富的性质和原因的研究》（后简称《国富论》） （3）让·巴蒂斯特·萨伊：《政治经济学概论》 （4）大卫·李嘉图：《政治经济学及赋税原理》 （5）约翰·穆勒：《略论政治经济学中若干未解决的问题》《政治经济学原理及其在社会哲学上的应用》	（1）配第是现代政治经济学和统计学之父，其最重大的贡献在于第一次系统地论述了经济学的方法论，这就为经济学作为一门独立的学科奠定了基础 （2）斯密《国富论》的内容基本奠定了现代经济学的理论框架；分工是斯密经济学说的核心，他认为合理的分工可以有效提高劳动生产效率 （3）萨伊认为政治经济学与其他自然科学一样，在研究方法上是一门实验科学 （4）李嘉图论述了价值理论、利润理论、国际贸易理论，并对他之前的经济理论进行了评论 （5）约翰·穆勒对古典经济学进行了综合，这一综合也标志着古典经济学的终结

续表

历史阶段	代表人物及代表作品	主要贡献
5.现代经济学时期	（1）赫尔曼·戈森 （2）约翰·贝茨·克拉克 （3）威廉·斯坦利·杰文斯 （4）阿弗里德·马歇尔 （5）庇古 （6）约翰·梅纳德·凯恩斯：《就业、利息和货币通论》	（1）戈森是边际效用理论的奠基人 （2）克拉克提出了边际生产力理论 （3）杰文斯建立了数理经济学派 （4）马歇尔的理论学说奠定了现代西方经济学微观经济学的理论基础 （5）庇古被西方经济学界视为“福利经济学之父” （6）凯恩斯开创了现代西方经济学宏观经济理论的先河

第二章

人力资本及相关理论

“人力资源”是现实中大家相对熟悉的概念，但对“人力资本”的概念，相当一部分人是比较陌生的，或想当然地将人力资本混淆为人力资源。实际上，人力资源是一个管理学领域的概念，而人力资本是一个经济学领域的概念。人力资源更多地关注行业、企业或组织等内部的人员配置、组织绩效等，有的时候也会研究某地区的人力资源，但相对来说，人力资源是一个中微观的概念。人力资本是与物质资本等共同推动经济发展的一个重要因素，人力资本的研究关注研究国家（地区）间或国家（地区）内部的人力资本存量、构成等，人力资本是一个中宏观的概念。本章将系统解释人力资本的概念和人力资本理论的形成与发展。

一 从古典经济学到人力资本理论的产生

经济增长这一概念自经济学产生之日起就是经济学研究的重要核心，也是经济理论研究永恒不变的主题，经济学的众多分支绝大多数也是围绕这一核心而展开的。同时，经济增长因为与人们的生活息息相关，自古以来也是政府与国民关注的对象。从经济学的历史发展脉络和经济思想、研究方法的特点出发，理论界一般将经济增长理论分为古典经济增长理论、新古典经济增长理论和内生经济增长理论。

从历史时期来看，近代欧洲社会资本主义的发展为古典经济学的产生提供了研究对象和土壤。古典经济学家的代表人物主要有亚当·斯密、李嘉图、马尔萨斯、弗兰克·奈特（代表作《投资的报酬递增》）、阿林·杨格（代表作《报酬递增和经济进步》）、弗兰克·拉姆赛（代表作《储蓄的数学理论》），以及约瑟夫·熊彼特（代表作《经济发展理论》）等。这些古典经济学家的贡献主要是从当时的社会生产关系观察分析入手，提取了很多经济学成分，刻画了社会生产中的各种经济关系及其中的原理，并静态分析了生产关系的变化可能产生的影响。这些都为现代经济学研究提供了良好的养分，为现代经济学的发展奠定了良好的基础。

第二次世界大战对世界上各主要国家的物质基础和经济秩序都造成了很大的破坏。战后重建遇到的诸多难题，战后经济的发展趋势，用古典的经济学理论已根本无法解释。面对当时的实际需求，西方经济理论开始了对既定资源静态配置的研究，以此为出发点，价值理论、资源配置理论和分配理论成为这一时期的经济理论研究的核心。

在此背景下，英国经济学家哈罗德和美国的经济学家多马在凯恩斯研究的基础上进行了新的探讨，他们的研究相互独立但结论一致，他们提出的经济增长模型称为哈罗德—多马经济增长模型。哈罗德—多马模型研究的是为了实现劳动力充分就业和保持稳定经济增长一个经济体需要的条件。哈罗德和多马的研究是一个全新的突破，具有重要的意义，但他们的研究过于理想化，他们提出的关于经济长期均衡增长的前提条件太过苛刻，几乎不可能满足。

因此，新古典学派以哈罗德—多马模型为基础进行了进一步拓展，新古典学派的代表人物有索洛、米德和斯旺等。新古典学派在研究经济增长时，除了考虑劳动和资本这两个内生变量外，还将技术进步这一因素作为外生变量予以考虑。哈罗德—多马模型约定劳动与资本这两个要素之间的配合比例是固定的，而在新古典经济增长模型中，这一比例并非固定不变，而是可以改变的，即劳动与资本具有相互替代的关系。并且在新古典经济增长模型中，资本和劳动这两个要素的比例可以通过市场因素来调节，具体是通过利润率的高低和工资的变化来调整。

技术进步这一因素对经济增长的影响在新古典经济增长理论模型中被予以考虑，但是索洛等人为代表的新古典学派的经济学家认为技术进步仅仅是一个外生的变量，并且他们也没有解释技术进步是如何形成的。实际上，技术进步本身就蕴含在资本和劳动力中，很难将之从两者之中剥离出来。为更好地解释这几者之间的关系，美国经济学家舒尔茨等人提出了人力资本理论。

二 人力资本理论研究的进展

亚当·斯密和马歇尔早已提出“人力资本”有关思想。亚当·斯密的著作《国富论》中就有关于劳动力的质量差异与劳动力的工资差异之间的关系的论述。马歇尔认为，对人力资本的投入是一个长期的过程，并分析了家庭在人力资本投资过程中的作用。尽管亚当·斯密和马歇尔意识到了人力资本的作用，但由于所处时代的经济环境和经济理论的制约，他们只是提出了人力资本这一思想和一些简单的分析，并没有对之进行深入的研究论证，更没有形成思想体系。现在的主流经济学界一般以1961年美国经济学家舒尔茨提出人力资本为这一概念产生的标志。但实际上，在舒尔茨之前，1906年菲歇尔的论文《资本的性质和收入》就明确提出了人力资本的概念，并将这一因素纳入现代经济理论分析的框架之中。舒尔茨对人力资本的定义为：人力资本指凝结在人身上的知识、健康、技能等能力。以该定义为基础，对人力资本的研究大体可以分为两类：一类是研究人力资本投资对人力资本存量的影响，特别是教育投资对人力资本的影响（因为教育投资的数据相对容易获取）；另一类是研究人力资本对经济增长的影响。

内生经济增长理论的产生以罗默和卢卡斯的两篇重要论文的发表为标志。罗默的论文《收益递增与长期增长》发表在1986年10月的《政治经济学》杂志上；卢卡斯的论文《论经济发展机制》发表在《货币经济学》杂志上。这两篇重要的文献奠定了内生经济增长理论的基础。

1. 人力资本与经济增长的研究

在人力资本的理论研究方面，舒尔茨、贝克尔、明塞尔、丹尼森、阿罗、罗默、卢卡斯和宇泽弘文等人都做出了重要贡献，他们的研究各有侧重点。舒尔茨、贝克尔、明塞尔和丹尼森等人侧重于对人力资本形成的研究；阿罗、罗默、卢卡斯和宇泽弘文侧重于人力资本对经济增长作用的研究。

（1）西奥多·舒尔茨对人力资本理论的贡献

西奥多·舒尔茨对人力资本这一概念的提出被视为人力资本理论产生的标志，因此他被视为人力资本理论研究最重要的代表人物。舒尔茨从分析经济增长的问题出发，引申细化到对人力资本的研究，他发现在研究经济增长这一问题时，运用已有的经济理论，即，若仅从资本、土地和劳动力这些因素来分析，无法获得完整的解释。第二次世界大战之后，遭到战争严重破坏的联邦德国和日本的快速恢复；一些国家的国民收入的增长幅度高于国家投入的增长幅度；韩国、新加坡等自然资源极其匮乏的国家在经济上的成功……运用已有的经济理论都没有办法解释这些现象。舒尔茨研究发现，除了自然资源、劳动力数量和实物资本这些因素以外，劳动力的质量（即人力资本）也是一个能够对经济增长产生决定性影响的因素。舒尔茨将人力资本解释为是一种状态，它包括人们的体力、知识和技能，人力资本附着在人的身上并依靠长期的投资取得，教育投入、培训、医疗保健和人口迁移都是人力资本形成的方式。以人力资本概念为前提，舒尔茨采用美国1929年至1957年的相关数据进行了实际的论证，他利用收益法分析了这29年中美国的教育投资对美国经济增长的贡献，结论显示这方面投资的贡献率高达33%。此后，舒尔茨在他的著作《教育的经济分析》中全面、系统地分析了教育中的各种问题，包括教育费用、教育的经济成分和价值等。随后，爱德华·丹尼森对舒尔茨的研究结果进行了修正。丹尼森将经济增长的余数主要分解为三个方面：规模经济的资源配置与组织管理的改善；资本质量与劳动力质量的提高；知识的延时应用。分解分析结论表明，1929年至1957年美国的教育投入对美国经济增长的贡献率为23%，并没有舒尔茨得出33%那么高。

舒尔茨在人力资本理论方面的贡献在于，他第一次明确提出了人力资本的概念，并指出了形成人力资本的各种途径，且定量分析了教育投资对美国经济的贡献。舒尔茨使人力资本理论成为经济学研究的新门类，并为以后的研究提供了方向。

（2）明塞尔对人力资本理论的贡献

在舒尔茨构建人力资本理论的前几年，哥伦比亚大学的明塞尔就对美国个人收入差别的问题进行了分析，并在1957年的博士论文《个人收入分配研究》中指出美国个人收入的差别与教育水平有关。在明塞尔之前，尽管有人意识到了个人收入与个人能力有关，但那些观点并没有引起重视。以往的经济学家认为个人能力的差别主要是由于先天的差别和家庭背景的不同。20世纪，一些西方国家个人收入差距有逐步缩小的变化趋势，利用要素分配理论和先天因素差异都无法做出解释。明塞尔另辟蹊跷，研究了造成人的后天质量差异原因。明塞尔认为，人们的受教育水平的普遍提高是收入差距缩小的本质原因，这归根结底是对人力资本投资的结果。在后续的研究中，明塞尔系统地分析了人力资本投资、个人收入和个人收入变化几者之间的关系。

（3）贝克尔对人力资本理论的贡献

人力资本理论的基本框架被舒尔茨和明塞尔两人构建起来，并利用各种数据做了种种定量研究。他们的研究都充分说明了人力资本的存量以及人力资本的投资都能够对经济增长产生重要的影响。但是，人力资本理论还远远没有完善。舒尔茨和明塞尔都是从具体问题入手构建人力资本理论，美国的经济学家贝克尔则在他们研究的基础上将人力资本理论从具体发展到了抽象。

1964年，贝克尔的《人力资本：特别关于教育的理论与经验分析》这一重要的著作出版，意味着现代的人力资本理论得以最终确立。贝克尔的研究理论地解释了人力资本的性质和人力资本的投资行为。贝克尔还提出了家庭生产理论，其中的时间价值和分配理论成为人力资本理论的微观理论基础。人力资本概念虽然首先由舒尔茨提出，但由于贝克尔在人力资本理论方面的贡献，他也被公认为人力资本理论的创始人。

（4）阿罗对人力资本理论的贡献

阿罗建立了利用内生技术进步解释经济增长的模型。由于新古典增长理论视技术进步为外生变量且解释不清，因此阿罗将其视为经济系统的一个内生变量。阿罗模型将技术进步视为内生变量，他假定技术进步是由于资本积累产生的，生产率的提高可由厂商通过“学习”来完成。阿罗模型是对总量生产函数的改进：

$$Y = F(K, AL) \tag{2-1}$$

式（2-1）中，Y为国民产出；K为资本；L为劳动力；A为知识存量，由资本积累产生，$A = K^{\upsilon}, \upsilon < 1$，生产函数是规模报酬递增的函数。阿罗模型是对新古典增长理论的一个突破，但也有其缺陷：在阿罗模型中，外生的人口增长决定了经济的增长，如人口增长率为零，则不存在任何经济增长，这显然违背了经验事实。

（5）罗默和宇泽弘文对人力资本理论的贡献

罗默（Romer）提出了知识溢出模型，这一模型是对阿罗研究的拓展。内生的技术进步在罗默的知识溢出模型中被认为是经济增长的唯一源泉，罗默认为资本要素K的积累是技术进步的源泉。并且，罗默还扩展了资本K的范畴，他认为资本K不仅包括有形的资本，还包括无形的资本，并用“知识”替代了“资本”这一表述。罗默的知识溢出模型假定知识的溢出效应大于知识的边际产品递减，这样就前提假定了知识投资的社会收益率不会为负收益。在罗默1990年提出的两部门模型中，罗默将产出部门分为两部分：部门一，专门从事消费品的生产；部门二，专门从事研究开发工作，即专门从事知识的积累部门。生产要素被分为四种：物质资本、人力资本、非技术劳动和技术水平。在影响经济增长的所有要素中，人力资本是一个独立的要素，但人力资本的增长并不会引起技术进步。罗默认为，个别厂商的垄断利润源于“内生经济效应”，而内生经济效应又源于专业化的知识。反过来，由于垄断利润的产生又提高了厂商的经济实力，使之可以从事新产品和技术的研发，这就是技术进步的内循环和驱动的机制。物质资本、人力资本和非技术劳动都会影响知识的积累，但最重要的影响因素还是人力资本。罗默认为经济增长水平和劳动者的收入水平与研发部门所占资源的多寡相关，所以知识积累率的提高，特别是人力资本水平的提高对研究开发部门来说尤为重要。

与罗默类似的是，宇泽弘文也提出了一个两部门模型，他也试图尝试将技术进步内生化。宇泽弘文模型假定经济中人力资本的生产仅仅存在于教育部门。

（6）卢卡斯对人力资本理论的贡献

与罗默突出强调知识的溢出效应以及它对宏观经济的影响不同，卢卡斯认为经济系统的外部性源于人力资本的溢出。卢卡斯认为人力资本同时具有内部效应和外部效应两种效应。个人因其具备的人力资本而受益，这种效应就是内部效应；随着个人人力资本水平的提高，其他外部的生产要素的生产效率也会提高，这种效应即为人力资本的外部效应。人力资本虽然具有正的外部效应，但个人并不能受益，所以个人做人力资本积累和时间分配的决策时仅会从人力资本的内部效应出发，而不会考虑其外部效应。在卢卡斯的模型中，人力资本积累就是经济增长的源泉，在不依靠外生力量的情况下也能够实现经济的持续增长。

在卢卡斯模型中，人力资本是经济增长模型中的一个单独的因素。卢卡斯在舒尔茨研究的基础上，将索洛提出的技术进步这一概念表述为“专业化的人力资本”，并指出经济增长的真正源泉就是专业化的人力资本存量的提高。在解释经济增长时，模型引入了教育部门——一个进行人力资本积累的专业部门。在教育部门中，人力资本的生产是以线性的方式进行的，而经济的持续增长正是源于不断的人力资本积累。

在卢卡斯的模型中，资本被划分成为两种类型，即有形资本和无形资本。卢卡斯根据此种划分，进一步将社会上的各种劳动力也划分成两种类型，即主要表现为“纯体力”形式的有形的人力资本和主要表现为“劳动技能”形式的无形的人力资本。这两类人力资本不能相互完全替代，并且这两类资本中，可以有效促进经济增长的只有无形的人力资本。在卢卡斯的模型中，人力资本的内在增长率公式为：

$$\frac{h(t)}{u(t)}=\frac{h(t)\,\delta[1-u(t)]}{u(t)} \quad (2-2)$$

式（2-2）中，h(t)代表人力资本；δ代表其产出弹性；u(t)是劳动力的全部的生产时间；1-u(t)为其脱产学习时间。在卢卡斯这个模型中，他认为是人力资本的增长才导致了技术的进步，人力资本包括：一般的人力资本和个体具有的特殊人力资本。与罗默不同，卢卡斯认为知识直接包含于人力资本之中。

关于人力资本的外在的积累，卢卡斯归纳的公式为：

$$Y_i = h_i(t)\cdot u_i(t)N(t) \quad (2-3)$$

式（2-3）中，Y_i代表第i种商品的产出；$u_i(t)$代表生产第i种商品所用的平均劳动时间；$h_i(t)$是生产第i种商品所需的专业人力资本；N(t)是以人时计量的劳动投入。在该模型中，全部的劳动时间u都被劳动者用于商品生产，说明人力资本是“干中学”形成的，因此体现的是人力资本的外在效应，即专业化的人力资本$h_i(t)$越高，在相同的时间内，产出Y_i也越高。

卢卡斯对人力资本溢出效应的划分，拓展了以往研究对人力资本的形成途径分析：人力资本的积累既可以通过接受教育来实现，也可以通过个体的“干中学”来实现。从技术进步的来源来看，罗默认为是私人厂商为追求垄断利润投资于研发活动而产生，卢卡斯则认为是教育部门进行人力资本生产以及在生产中个体的“干中学”的结果。从对人力资本这一因素的分析来看，罗默认为人力资本是通过影响知识积累来影响经济增长的，但卢卡斯认为人力资本的提高就是技术进步，人力资本这一因素就是促进经济增长的核心要素。

2. 人力资本结构与经济增长

阿罗、罗默、卢卡斯和宇泽弘文的研究，分析的均为人力资本存量与经济增长的关系，他们的研究也涉及人力资本结构的问题，如罗默模型的四种投入要素中就分出了技术劳动和非技术劳动，卢卡斯的人力资本积累模型中就提到了专业化人力资本，但他们都没有对人力资本结构做深入分析。人力资本存量的增加对经济增长的影响是一种规模效应，而在其他生产要素和人力资本存量一定的情况下，合理优化人力资本的结构也能对经济增长产生促进作用，这是人力资本的结构效应。

近年来，在理论研究方面已有国内外学者将人力资本的结构因素内生于各类经济增长的模型，比较有代表性的是塞凯拉（2003b，2007），旺登伯斯奇，曼卡（2009），郭继强（2005），余长林（2007）等人的研究。

塞凯拉在格罗斯曼和赫尔普曼（1991）模型的基础上，将人力资本大致分为两种类型：高技术人力资本和低技术人力资本。并且每个个体都有三种活动可以从事，即或进行人力资本的积累，或从事偏向于纯体力的低技术劳动，或从事偏脑力的高技术劳动，个体的所有时间都在这三种活动之间分配。要从事高技术劳动，个体需要花费更多的金钱和更长的时间接受教育。只有高技术的劳动才对R&D部门的研发活动有贡献，低技术劳动对研发活动无贡献。塞凯拉模型的结论表明：在一个封闭经济中，高技术人力资本与低技术人力资本的比率决定产品生产率的高低，高技术人力资本在总人力资本中所占比率与R&D部门的劳动生产率正相关。

旺登伯斯奇等（2006）建立了一个内生的经济增长模型，他认为是创新和模仿（或吸收）两种活动共同作用才导致了技术进步，并假定每个生产活动都由高技术和低技术劳动力共同完成，创新需要使用相对更密集的技术劳动力（即更多的高技术劳动力）。他将人力资本这一因素对生产力增长的贡献分为两类：水平效应和结构效应。在假定人力资本结构不变的前提下，人力资本的总水平的增加将促进经济增长，这是人力资本的水平效应。若人力资本的总水平不变，人力资本的结构优化也能刺激经济增长，这是人力资本的结构效应。旺登伯斯奇理论模型的主要结论有两点。第一，当一个经济体系高度发达时，生产力的增长主要依靠高技术水平的人力资本存量的增长，此时生产力的增长主要靠创新；反之，当一个经济体系不发达时，生产力的增长主要依靠低技术水平的人力资本存量的增长，此时生产力的增长主要靠模仿。第二，创新活动中技术劳动弹性的减小会导致高技术劳动的边际增长率减小。

曼卡构建的模型划分了两个不同的地区：技术领先地区和技术落后地区，地区生产力的增长一靠创新，二靠技术落后地区对技术领先地区的模仿。曼卡模型的结论显示，人力资本的结构（以地区内高技术劳动力的比例来表示）比人力资本的存量更能够影响对技术的吸收和创造。

我国学者郭继强在丁虹栋提出的“异质性人力资本”的基础上，将人力资本抽象地分为资源配置型人力资本和资源转换型人力资本。资源转换能力指将生产资料转换成产品的能力，可理解为人的生产能力；资源配置能力指除了资源转换能力之外的其他人力资本能力，可理解为人的经营管理组织等方面的能力。他以这两类人力资本的增量入手，反向论证了对这两类人力资本投入的最佳比例，建立了关于包括人力资本投资数量和结构的理论模型。

杨建芳、龚六堂（2006）将人力资本分为健康人力资本和教育人力资本两类，并假定两类人力资本与人力资本总存量的关系以 Cobb-Douglass生产函数的形式存在，将两类人力资本的组合视为人力资本结构。余长林在杨建芳等人研究的基础上，将教育人力资本投资和健康人力资本投资在一个扩展的MRW模型的框架下进行了推理。余长林的研究表明，人力资本投资结构中用于教育投入的比例影响人力资本增长水平的高低，人力资本的投资结构同时对经济增长产生重要影响。

郭继强、杨建芳和余长林等人的模型实际上是对人力资本投资结构的分析，并没有考虑人力资本存量结构的分析。关于人力资本存量结构理论模型的研究，正如郭继强（2005）言：这方面的研究还很少，陈浩（2007）等人做出了尝试，但他的研究偏重于定性研究和实证研究，没有涉及理论模型的研究。

三 人力资本结构与经济增长实证的研究

夏内西和瓦莱宁（2000）通过对多个国家的数据分析发现，对于欠发达国家和发展中国家而言，小学的入学率如提高1%，则相应的人均GDP会增加2%，但这种影响在欧盟国家则不存在；中学入学率如提高1%，发展中国家的GDP会提高2.5%~3%，而欧盟国家仅为1.5%。与夏内西和瓦莱宁的研究类似，贾德森（2002）也表明：对于贫穷国家，初级阶段的人力资本对经济增长的贡献最为显著；对于中等发展水平的国家，中级阶段的人力资本对经济增长的贡献最显著；对发达国家，对经济增长贡献最显著的是高级阶段的人力资本。卡斯特罗和多梅内克（2002）等人的跨国实证分析表明，人力资本结构的改善能有效促进一些国家经济增长，而地区经济的发展又能反过来推动其人力资本结构的改进。

陈浩（2007）以马斯洛的需求层次理论为启示，将人力资本投资层次由低到高地分为四类：对健康的投资、对教育的投资、对培训的投资、对迁移的投资。他认为这四种投资呈金字塔结构，人力资本的投资存在一定的先后顺序，投资的顺序是从最基本的健康投资开始逐步到最顶端的迁移投资。同时，陈浩依据他对人力资本投资的分类又将人力资本由低到高分为四种：基础型的人力资本、知识型的人力资本、技能型的人力资本和制度型的人力资本，这四种人力资本的组合为人力资本结构。陈浩采用将这四类人力资本逐步代入生产函数的方式，利用我国1992年至2003年的省级面板数据进行了实证分析，结论表明，基础型的人力资本、知识型的人力资本以及技能型的人力资本都能促进我国的经济增长，但影响作用并不强，制度型的人力资本对经济增长的作用还没有显现。陈浩也比较了沿海地区和内陆地区的人力资本结构与经济增长的关系，结论表明，内陆地区人力资本的存量和结构与沿海地区相比，都存在很大的劣势，沿海地区的高层次人力资本的贡献率较大，内陆地区基础性人力资本的贡献率较大。

朱承亮、师萍等人（2011）对我国1998年至2008年各省市的人力资本结构进行了测算，人力资本的结构指标用各教育层次的人口占6岁以上人口的比重来衡量。他们的研究发现：我国的人力资本水平正在不断提高，人力资本结构也在不断优化，但是各地区的差异明显；人力资本及其结构对经济增长效率存在滞后效应；接受过高等教育的人力资本对经济增长效率改善的促进作用明显；由于各地区的产业结构不同，同时受产业转移和人力资本迁移等因素影响，各地区的人力资本结构对经济增长效率的促进存在差异。

关于通过人力资本结构系数考察人力资本结构与经济增长的研究。伯索尔和郎多罗以43个国家的数据为样本，人力资本的结构系数以教育的标准差作为指标进行了相应的实证研究，结果发现人力资本结构对经济增长有显著的负相关作用。洛佩斯、托马斯和王分别以人力资本分布的变异系数和标准差作为人力资本结构的指标，对12个亚洲与拉丁美洲国家1970年至1994年的相关数据进行了实证分析，结论表明，人力资本结构这一因素在不同的国家对经济增长的作用各不相同。

吴方卫、张锦华（2004）采用我国1993年至2003年各省、市、自治区农村劳动力的受教育年限数据，计算了农村劳动力教育基尼系数。研究发现，我国东部各省份在1993年至2003年的教育基尼系数的均值为0.29~0.3；西部地区各省份的均值在0.33上下；中部各省份多数在0.3以下。研究还表明，我国的教育不平衡程度与收入不平衡程度密切相关。李亚玲和汪戎（2007）测算了我国1993年至2004年29个省份的人力资本基尼系数，并对其与人均GDP的相关关系进行了实证检验，结果表明，我国各区域的人力资本水平在逐步提高，人力资本基尼系数较高但在逐步下降。人力资本基尼系数的变化将导致人均GDP产生更大幅度的变化。边雅静，沈利生（2004）分析讨论了我国东部和西部地区在人力资本方面的差异，并实证分析了两地区人力资本对经济增长影响的差异。

陈钊（2004）对我国区域间人力资本和教育发展的差异进行了研究，发现教育的发展水平在区域间并不均衡，特别是在高层次的高等教育方面，受过高等教育的人口比重这一指标在各区域间的差异非常大。不过这一指标差异在近年出现逐步缩小的趋势，高等教育的均衡发展有助于缩小地区间的收入差距。边雅静（2004）比较分析了我国东西部地区人力资本对经济增长的影响。她的研究发现，西部地区物质资本的投资和存量以及人力资本的投资和存量都不如东部地区，西部地区人力资本的存量尤其较差。刘海英（2004）测算了我国的教育基尼系数，认为人力资本的“均化”水平越高（即人力资本的差异越小）对经济增长的促进作用越强。钱雪亚（2004）对我国的人力资本投资水平、人力资本效率和人力资本存量水平进行了系统的实证分析。

四　本章小结

随着经济的发展和经济增长过程中所遇问题的变化，已有的经济增长理论体系并不能解答所有问题，这便促进了经济增长理论的发展，人力资本理论正是在这一背景下产生的。舒尔茨、明塞尔、贝克尔、阿罗以及卢卡斯和罗默等人对人力资本理论进行了理论框架的构建并不断完善。在他们的理论框架下，众多的研究利用相关数据进行了大量实证分析。然而，人力资本理论虽然在众多学者的推动下越来越完备，在实证研究方面却遇到了困难。

1.关于人力资本测量的问题

舒尔茨对人力资本的解释是“人力资本指附着在人身上的体力、知识和技能等能力”，问题就在于这些能力怎么衡量。后来，阿罗提出“干中学”也是人力资本形成的途径之一，但也面临同样的问题，“干中学”形成的人力资本如何衡量。大多数研究都从人力资本的形成途径（教育、培训、健康投入和人口迁移等方面）来衡量人力资本，进而研究其对经济增长的影响。多数研究都是以教育投资作为衡量人力资本的指标，舒尔茨和丹尼森在研究人力资本对经济增长的影响时，采用的就是美国1929年至1957年的教育投入对美国经济增长的贡献数据，这说明舒尔茨、丹尼森等人也无法定量衡量人力资本。不过，我国学者陈浩对此做出了尝试，他将人力资本投资按照马斯洛的需求层次理论分为四个层次：健康投资、教育投资、培训投资、迁移投资，并采用中国的相关数据进行了实证研究。但陈浩的研究也较为粗略，因为培训投资和迁移投资的指标如何选取、数据如何获得都是难题。上述研究都是考察人力资本投资对经济增长的影响，但人力资本是一种状态，所以一些研究也从人力资本的存量方面考察了其对经济增长的影响，他们选取的代理指标也是“教育”，只是衡量的方法不一样，有的研究采用教育年限法来衡量人力资本存量，如贾德森（2002）、李福柱（2008）等；也有学者的研究采用学历指数的方法。

2. 人力资本中的结构问题也被人力资本理论忽视

现有的人力资本理论，主要集中在对人力资本的存量与经济增长关系的研究，也有部分文献对人力资本的结构进行了研究，但这类研究大多数只是对人力资本的投资结构进行了探讨。实际上，在其他影响因素不变的前提下，不同的人力资本的组合对经济增长的影响肯定是不同的。从研究人力资本的存量细化到研究人力资本的结构对经济增长的影响，这样的研究无疑更具有实际意义。目前，关于人力资本存量结构方面的研究，人力资本结构的代理指标大多都是人力资本的各种结构系数。关于人力资本的存量结构在以往的经典文献中，都或多或少的有所提及，如：卢卡斯模型就将社会上的劳动力人口分成了有形及无形的人力资本两类；罗默的两部门模型将人力资本在研发部门与产品生产部门的分类。近年来，杨建芳（2006）、陈浩（2007）、李秀敏（2007）、魏下海（2009）和朱承亮（2011）等人在人力资本的结构研究方面从不同的角度运用不同的方法也进行了各种分析。但目前学术界对于“人力资本结构”这一概念并没有统一，对人力资本结构的研究也并不系统。

第三章

我国人力资本的形成：教育投入

“百年大计，教育为本”，对于个人、家庭、社会，教育的重要性毋庸置疑。教育投入是人力资本形成的最直接途径，人力资本的水平和结构又影响个人的收入水平和国家（地区）经济增长速度及趋势。

相对于以往的发展方式，当前的经济增长方式、速度、驱动力都发生了改变，这些改变的主要目标在于效率优化。在新时代的背景下，教育的投入效率也面临进一步优化的要求。

一 教育对人力资本的积累

通过吸收外来的人力资本可以提高本地区的人力资本水平并改善人力资本结构，但从长期来看，地区内人力资本水平的提高还是要靠人力资本的“内生性”成长，这就主要依靠地区内的教育投入。一般来说，教育投入越多，人力资本的积累就越多，反之就越少。对人力资本的教育投入，主体有政府、个人（家庭）和企业，也有研究将教育投入简单分为政府教育投入和非政府教育投入，其中政府的教育投入占主导地位。关于教育投入对人力资本积累的研究，尼尔森和菲尔普斯（1966）的研究指出，人力资本存量是经济增长的驱动因素和国家创新能力的基础，也是国家间存在经济增长差异的重要原因，政府的教育投入是人力资本积累的主要途径，政府应当加大教育投入。卢卡斯（1988）的研究证明了人力资本对经济持续增长的作用，也特别强调了教育投入的贡献。阿扎里亚迪斯和德拉森（1990）通过交迭世代模型的框架研究了人力资本的“低发展陷阱”的问题。多井克也（1997）的研究指出，在经济低迷时期可以通过提供教育和就业机会的方式来使经济走出停滞不前的困境，他建议，政府应当增加教育经费投入。我国学者刘华和鄢圣鹏的研究表明，教育财政对中等教育的投入对人力资本增长的弹性最大，其次为义务教育，对高等教育的投入对人力资本的增长弹性为负。

众多的研究都论证了教育对人力资本积累的作用和经济增长的贡献。通过教育投入来积累人力资本与通过人力资本迁移的方式来提高人力资本水平，其最大的不同之处就是：教育投入是一个长期的持续不断的过程，如我国培养一个本科生，包括九年的义务教育、三年的高中教育和四年大学教育，整个过程持续十六年。这也说明，通过教育投入形成的人力资本在收益与投资之间存在时滞性。由于时间长，人力资本对受教育的个体的投入会受到政府教育投入政策、就业期望、家庭条件等多种因素的影响。所以，政府的教育投入需要有长期的、整体的规划。

改革开放以来，我国的教育制度经历了三次变革，三次变革都以重要文件的颁布为标志。第一次变革是1985年，《中共中央关于教育体制改革的决定》颁布：一是将发展基础教育的责任交给地方，要求有步骤地实行九年义务教育制度；二是调整中等教育结构，大力发展中等职业教育；三是改革高等学校的招生计划和毕业分配制度，等等。当时我国各级学校教育的入学人数和教学质量都不足，小学辍学率和文盲率比较高，实行九年义务教育相当重要。因为高考恢复不久，招生和毕业分配制度还不完善，高校方面也需要一定的自主权。第二次改革开始于1993年，以《中国教育改革和发展纲要》颁布为标志。这次的改革是为我国的教育制度做出的中长期规划，改革的内容涉及教育体制多个方面，包括深化高等教育和中等以下教育体制的改革，改革高校的招生和就业制度，进一步完善我国各级教育的分级办学与管理。1999年《中共中央 国务院关于深化教育改革全面推进素质教育的决定》的颁布为我国第三次教育体制改革的开始，重要内容包括进一步扩大高等学校招生，专业设置等自主权。

就教育支出占政府财政支出比例这一指标而言，1980年至2002年，世界各国的平均指标为15%，我国的平均指标为14.1%，相较而言并不低。教育支出占GDP的比重，世界各国的平均水平为5.1%，发展中国家的平均水平为4.1%，我国自1980年以来，这一指标一直在3%以下，低于世界平均水平，甚至低于发展中国家平均水平。我国的教育支出也表现出区域间的不均衡。中西部地区的教育支出总和不及东部地区，这一比例在1992年为2/3，1995年锐减至1/2左右。2010年，东部地区、中部地区和西部地区的教育支出比例为1：0.41：0.26。就生均教育经费而言，从1995年至2010年，各地区小学和初中的预算内生均教育经费的差距都扩大了2倍。从教育投入主体来看，政府教育投入和企业教育投入相对个人（家庭）投入都在减少，个人（家庭）投入增加也意味着个人（家庭）的教育负担增加。

教育投入是一个长期的持续不断的过程，这一特点意味着，通过教育投入形成的人力资本在收益与投资之间存在时滞性，这在义务教育投入上的表现最为明显。杨超和吴蓓莅分析义务教育投入与人力资本积累的关系以及教育投入对义务教育后期新入学人数的影响发现：前一期的义务教育投入对当期人力资本的贡献为负，前两期的义务教育投入对当期的人力资本贡献为正，前两期的人力资本投入每增加1%，当期的人力资本增长0.051%。他们分析造成这一结果的原因可能有两点：一是教育投入与人力资本的形成具有一定的时滞性；二是由于义务教育财政经费投入的增加可能会对后一期与人力资本形成有关的其他政府投入（如社会保障、医疗等公共投入）形成短期内的“挤出效应”，且这种负面效应要延迟到第二期才会被教育投入对人力资本所形成的正面促进作用所抵消。他们的研究同时还发现：义务教育前一期的投入和前两期的投入都能带来后期新入学人数的增加，并且前两期的义务教育投入对新入学人数增加的影响最为显著，前两期的义务教育投入每增加1%，能带来新入学人数0.31%的增长；前一期的义务教育投入每增加1%能带来新入学人数0.14%的增长；当期义务教育投入每增加1%，新入学人数仅增长

0.09%，这说明义务教育投入对人力资本的形成和积累存在滞后性[1]。

教育是人力资本形成的最主要来源，所以，教育的政策，教育经费投入的多少和在各级教育层次分配的结构，都会对人力资本的积累和人力资本的结构产生重大影响。由于教育投入的持续性和对人力资本形成的时滞性，义务教育阶段非常重要，义务教育是其他层次教育的基础，只有保证义务教育的质量，才能为中等层次的教育以及之后的高等教育提供数量充足、质量合格的生源，从这一方面来讲，义务教育对人力资本的积累和人力资本的结构至关重要。教育投入的主体主要是政府和个人（家庭），政府教育投入多，个人（家庭）的教育负担就小，就有可能接受更多年限的教育；政府教育投入少，个人（家庭）的教育负担就重，个人（家庭）可能出于经济负担和预期收益的原因，减少接受教育的年限。所以，政府的教育支出与人力资本的积累和人力资本的结构直接相关。

二　我国的教育财政投入制度概况

1.教育的产品属性

从产品属性来看，我国的义务教育属于公共物品，学前教育、高中教育、职业教育和高等教育等属于准公共产品。由于不同层次、不同类型的教育表现为不同的产品属性，公共财政支持的力度和范围也有所不同。作为公共物品的义务教育，经费要求由财政全部或部分提供，经典财政分权理论认为，地方政府因为更了解本地居民的需求及偏好，在分权体制下能够更加有效地配置诸如教育、医疗卫生等公共产品（蒂伯特，1956）。研究表明，中

[1]　杨超，吴蓓莅.义务教育投入对人力资本贡献的时滞性与实证检验［J］.财贸经济2008，5：46－48.

国的财政分权加剧了地方政府间的税收竞争（李，周，2005），地方公共产品和服务的供给不足，以基础设施投入为主的生产性公共支出挤占了教育、卫生等方面的社会福利公共支出（卢洪友等，2012）。同时，由于义务教育的投资附加在劳动者身上，随着劳动力的流动而流失，具备强烈的外部性，加之教育投资的滞后性，地方政府更偏好于将财政资金用于吸引投资、经济建设等领域，而忽视在短期内对经济增长效果不显著的教育、医疗等保障性民生支出（平新乔，白洁，2006）。

经济发达地区因财政实力雄厚，教育供给不足的矛盾不突出，但欠发达地区矛盾较为突出。欠发达地区如何在有限的财力下，平衡地方经济和教育发展，是一个巨大的考验。

不同国家教育服务的供给模式有所差异。美国的基础教育服务，公共财政资金的投入由联邦政府、州政府和学区三级组织共同承担，其中州政府和学区承担了财政资金的大部分，资金的主要来源为个人所得税、消费税和财产税。法国的基础教育服务采用中央集中模式，在基础教育的公共教育财政支出中，中央政府提供90%，其余10%由地方政府承担。为了均衡基础教育的发展，法国也建立了地区间的财政转移支付制度，用以扶持落后地区的基础教育发展。我国现行的公共教育的财政投入模式为中央、省、县三级投入，并根据不同的教育层次，各级政府分担的比例也不同。

2. 我国教育的基本现状

对我国教育的研究主要关注三个方面：教育经费投入、教育资源和教育效果。

（1）教育经费投入

义务教育方面，义务教育收益的滞后性和外部性特征导致义务教育的经费来源单一，义务教育的投入还存在不足。第一，义务教育的财政投入机制有利于通过转移支付等方式提高地区间的教育均等化水平，但财权上移、事权下移使我国贫困地区，特别是国家级贫困县的县级财政困难，无法落实“以县为主”的农村义务教育经费保障机制。第二，2013年以来我国义务教育均等化水平得到了很大提高，但由于各省份之间，省内各地区之间财政实力的差距，义务教育发展仍存在不均衡。

（2）教育资源

欠发达地区教育资源短缺、办学条件落后，资源的短缺体现在软硬件两个方面。软件短缺主要体现在师资力量不足，包括生师比不合理；教师学历和职称（特别是农村中小学）的合格率偏低；专职音乐、美术教师缺乏。硬件短缺主要体现在教学面积、图书数量、计算机设备等方面。另外，各省内教育资源分布也不均衡，优质的中小学教育资源多集中在较大的城市，小城镇及乡村的优质教育资源明显不足。

（3）教育效果

衡量教育效果的最简单、最直接的指标是升学率，经过不断努力，我国在各教育阶段的保学率、辍学率得到了很好控制，但高中和大学的升学率，特别是一流大学的升学率，欠发达地区与全国平均水平的差距明显，并且省内区域间也不均衡。

提升教育投资效率和质量，特别是补齐边远贫困地区的教育短板存在不少困难。我国的教育事业已经取得了巨大的成就，同时还存在很大的提升空间。

3. 我国教育财政制度的历史变革概况

改革开放前，义务教育阶段，县级以下乡镇及农村，学校一般由农民集体（合作）办学，教育经费由农民负担，农村家庭同时还需要承担子女的学杂费等小额费用。城镇中小学学校一般由政府和国有企业或事业单位办学，教育经费由财政负担，城市居民家庭也需要承担子女的学杂费等小额费用。中等职业教育和高等教育由各级政府、各部门或国有企业办学，教育费用完全由财政负担，学生不用缴纳学杂费等费用，还可以获得助学金，毕业后由政府或企业统一分配，不能自由择业，一般分配到各级政府部门或国有企业，即我们通常所说的毕业包分配。

在计划经济时代，由于教育财政实行的是全国“统收统支”制度，教育经费由中央政府严格按计划统筹，对学校的硬件建设、教职工的人员编制、招生规模等严格控制。虽然这一时期的教育财政制度相对僵化，但不存在学校负债问题，也不存在教育经费在各级政府间的比例分担问题，这是这一时期教育财政制度的优势之一。另外一个优势是，教育财政经费在地区之间、城镇内部和农村内部各群体间的差距较小。这一时期制度的缺陷在于，首先是制度僵化，中央直接统筹管理，决策部门远离一线教育机构，学校的具体情况反馈链条长，一线教育部门的自主性、灵活性不足；其次，城乡居民受教育的机会和对教育经费的承担存在较大不均衡，农村家庭受教育成本高、受教育机会较少，城镇家庭教育成本低、受教育机会较多。

改革开放以来，教育制度和教育财政体制也随之改革，逐步形成了多渠道教育投入体制，教育经费由各级政府按比例分担，办学主体也更加多元化，教育经费拨款制度更加规范，学校财务自主权得到加强。随之而来的是，家庭教育负担逐步加重，20世纪90年代中后期达到顶峰；学校债务急剧增加，且还款困难。同时，由于部分欠发达地区财政困难，各级政府按比例分担的教育财政资金中，属于地方政府分担的部分往往无法落实到位，特别是县一级政府。2000年后，为保障教育财政制度的落实，国务院、教育部、财政部等部门陆续出台了一系列政策。

改革开放以来，我国教育财政投入大致可以分为前后两个时期。前期的主要目标是形成多渠道的教育投入体系，解决教育经费短缺问题，从改革开放之初一直延续到2005年。后期，即2005年之后，教育经费相对充足，主要目标从单纯解决教育经费短缺转换为在解决教育经费短缺的同时还要提高教育的公平度。就是在这一时期，国家出台了一系列重要文件。《国家中长期教育改革和发展规划纲要（2010—2020）》，提出“提高国家财政性教育经费支出占国内生产总值的比例，2012年达到4％”。《关于进一步加大财政教育投入的意见》，对严格落实教育经费法定增长要求；提高财政教育支出占公共财政支出的比重等提出了要求。《关于加强对各地2011—2012年财政教育投入状况分析评价的通知》，从多个方面对各地教育投入进行督促和评价。

改革开放40余年来，我国教育财政制度经历了一个“U”型变动。首先，在教育经费投入主体方面，政府教育投入在总教育经费中所占的比例经历了一个不断下降到逐步上升的过程；其次，在教育财政分担体制中，经历了事权下移到事权上移的过程。经过一系列改革，我国教育在改革开放后取得的成就包括：教育拨款体制从不规范、不透明到逐步规范和透明，形成了基本合理的教育财政投入体制；学校财务管理体制从不规范到规范，对学校财务的约束性得到加强；教育经费拨款占GDP的比重提高，教育财政的充足性得到提高；对家庭经济困难的学生，形成了较为完善的学生资助体系；中央和省级政府的教育经费分担责任加大，教育的均衡性得以提高。

三 我国各教育阶段的经费投入

1.学前教育

我国学前教育的基础性指导文件是1952年颁布的《幼儿园暂行规程草案》，过去60多年的学前教育基本在该文件的框架下运行。该文件规定，我国幼儿园的设立由县或市级人民政府统筹，政府办幼儿园的经费由县或市级人民政府统筹统支，列支类别为地方教育事业费。幼儿园收取的费用主要为杂费、膳费，私立幼儿园可适当收取学费，收支办法和金额具体由各省、市的教育部门依据本地情况而定。该文件对幼儿园的设立和管理，经费来源和收费项目都予以了明确，虽名为草案，但对学前教育的各个方面都予以了设计。

《幼儿园暂行规程草案》设计内容主要包括以下几个方面。

（1）学前教育的经费来源

20世纪50年代，学前教育制度设计之初，就明确了我国学前教育的办学主体多元化、教育经费来源多渠道化的格局。在办学主体方面，教育部门、党政机关、企事业单位、街道、乡村以及其他单位、个人等都可作为学前教育的办学主体。所以，我们经常见到各类机关幼儿园（一般为各政府单位办学，主要解决本单位系统内部员工幼儿入园问题，后扩展到招收单位系统外部的居民幼儿），附属幼儿园（为企事业单位内部办学，如大学附属幼儿园），各种民营机构或个人办的带有营利性质的幼儿园（如某某国际幼儿园），等等。由于学前教育办学主体的多元化，也意味着学前教育办学经费的多渠道化，公共教育财政支出、各级政府、企事业单位、民营教育机构及家庭（个人）等都是学前教育经费的来源。

从学前教育的服务提供比例看，20世纪50年代初，公立幼儿园（包括各级政府、企事业单位及集体经济组织办的幼儿园）提供了大约50%的学前教育服务；20世纪50年代中期到90年代中期，这一比例约为60%。从90年代末期开始，各类民营机构办的学前教育机构迅速增加，在整个学前教育机构数量中所占比例不断增加，2008年民营机构办的幼儿园接收的幼儿数量约占全部在园幼儿数量的40%，公立幼儿园的这一比例则下降为47%。近年来，由于我国公共教育财政的整体增加，公立幼儿园的比重又开始逐步上升，但比例还是偏低。这一数据在一定程度上反映了政府不同时期学前教育经费投入上的变化。20世纪50年代到90年代中期，各主体经费投入的比例由高到低依次是：政府、集体、个人；90年代中期至今，该比例依次为：个人、政府、集体。

为解决学前教育公共资源不足的这一矛盾，2018年11月7日，出台了《中共中央 国务院关于学前教育深化改革规范发展的若干意见》，提出：到2020年，全国学前三年毛入园率达到85%，普惠性幼儿园覆盖率（公办园和普惠性民办园在园幼儿占比）达到80%。到2035年，全面普及学前三年教育。

（2）不同类型的学前教育差距巨大

不同类型学前教育的差距表现在两个方面：办学质量的差距和政府经费投入差距。

我国的学前教育长期以政府教育投入为主，家庭投入为辅，家庭教育负担较轻。20世纪90年代中期以来，随着民营学前教育机构的大量设立，学前教育的质量分化现象日趋严重，优质学前教育资源稀缺（包括公立和民营），这种稀缺导致了优质学前教育机构收取赞助费和学费高额化，最终导致学前教育家庭负担增大。

办学机构的不同也造成了学前教育机构收费的差异。学前教育机构办学主体大致可以分为公立、集体办学和民营办学三类。公立学校的办学主体包括机关、国有企业和事业单位，办学费用的来源主要为企业营业外支出列支、福利费用列支。改革开放前，机关、企事业单位实际上与国家财政是一体的，不同单位的学前教育列支虽然名目不同，实际上都是国家财政支出。改革开放后，因为企事业单位的改革和国有企业自身的经营困境等因素，这些单位开设的学前教育机构的经费拨付就不如以往充裕，向受教育的幼儿家庭收费成为各机构的主要收入来源。

集体办学包括城镇集体办学和农村集体办学。城镇集体开设学前教育机构经费主要来源包括街道自有收入（街道企业利润等）、民政部门的补助、家长单位交纳的管理费和家长的交费等。农村集体开设的学前教育机构，改革开放前，教师基本由农民担任，主要以“工分”形式支付报酬，校舍等硬件设施基本与农村小学共用，所需直接货币投入较少。改革开放后，城镇集体所办学前教育基本转为民营，农村集体所办学前教育基本停办。这部分学前教育机构的消失，促使幼儿涌向本就不充足的公立幼儿园以及新开设的民营幼儿园，这又进一步加大了公立学前教育的稀缺性和学前教育的家庭负担。

改革开放前，基本上没有民营学前教育机构，20世纪80年代开始，民营学前教育机构开始出现，并迅猛发展。民营学前教育机构归根结底属于企业，而企业的根本目的在于盈利，幼儿家庭可视为其客户，是其最主要的利润来源。近些年来，部分民营学前教育机构向“贵族化”、国际化方向发展，大幅提高收费，并在一定程度上影响了其他民营学前教育机构的收费水平。

我国学前教育财政投入存在以下一些问题：其一，财政投入不足，地区间投入差异大；其二，成本分担不合理，家庭和基层政府负担过重；其三，财政资金分配不均衡，资金使用效率不高；其四，学前教育机构收费混乱，收费水平差异大。近年来，国家对学前教育越来越重视，2019年2月，中共中央、国务院印发《中国教育现代化2035》，提出建立更为完善的学前教育管理体制、办园体制和投入体制。

2. 义务教育

义务教育制度一方面受到宏观制度变革的影响，另一方面受到国家财政实力的影响。我国教育制度的变革略微滞后于经济体制变革。我国义务教育制度大致可以分为两个阶段。第一个阶段，从中华人民共和国成立初期到2001年农村税费改革前。这一时期的办学目标实际上是为了解决教育的有无问题和普及率问题，开展了一系列“农民扫盲班”“普及九年义务教育”（简称“普九”）等行动。经过这一阶段的发展，我国义务教育基本普及，文盲率大幅下降，与此同时，城乡之间、地区之间教育资源、水平差距也逐渐拉大。第二个阶段，2001年农村税费改革之后。这一时期我国义务教育资源配置遵循的准则从“效益至上”转为“公平”，国家逐步开始实施免费的义务教育，从免学费开始到学杂费全免，免费的对象也从局部到全部，国家财政部门和教育部门开始对弱势学校和弱势群体实行财政倾斜政策。为了有效促进、监督和衡量义务教育的均等化，教育部从2013年开始组织对县域内的义务教育均等化水平进行评估，具体评估单位为各省的教育厅，每年组织评估一次，评估指标基本为量化指标，评估结果纳入对地方政府（主要是县一级政府）领导的绩效考核。

（1）农村税费改革前的义务教育

1985年出台的《中共中央关于教育体制改革的决定》明确提出：“在今后一定时期内，中央和地方政府的教育拨款的增长要高于财政经常性收入的增长，并使按在校学生人数平均的教育费用逐步增长。”

义务教育的法律、法规建设。1986年颁布的《义务教育法》中，直接写入了“两个增长”，并明确了政府的教育投入责任。1993年，中共中央、国务院印发《中国教育改革和发展纲要》，提出了两个重要的财政性教育经费投入的指标。逐步提高教育财政性教育经费支出占国民生产总值比例，20世纪末达到4%。要提高各级财政支出中教育经费所占的比例，“八五”期间逐步提高到全国平均不低于15%。1996年开始施行的《中华人民共和国教育法》，规定各级人民政府教育财政拨款的增长应当高于财政经常性收入的增长，并使按在校学生人数平均的教育费用逐步增长，保证教师工资和学生人均公用经费逐步增长，这样就形成了“四个增长”的教育财政经费规定。

（2）义务教育经费来源拓展

学费、杂费。改革开放前，我国中小学校重要的公用经费来源就是学杂费，当时的学费、杂费很低。1986年颁布的《义务教育法》规定“实施义务教育，不收学费、杂费”。1992年出台的《义务教育法实施细则》中规定“实施义务教育的学校可收取杂费”。

教育费附加。改革开放之初，义务教育经费来源相对单一，主要依靠政府财政拨款，加之随着农村学校“工分”制度等的取消，农村学校支付民办教师的工资困难。在此背景下，1984年，国务院颁布《关于筹措农村学校办学经费的通知》，提出“除国家拨给的教育事业费外，乡人民政府可以征收教育事业费附加”“乡人民政府征收教育事业费附加，对农业、乡镇企业都要征收”。1985年《中共中央关于教育体制改革的决定》提出“地方可以征收教育费附加”。

教育集资。在普及九年义务教育的过程中，教育集资也是农村中小学校重要的资金来源之一。教育集资的资金往往用于农村学校的危房改造，新教室、教学楼等的建设。教育集资这一方式也得到了政府的鼓励和支持。国家教育委员会1992年发布的公告显示，从1981年至1991年，为了改善中小学校办学条件，共投入改建资金1066亿元，其中，国家财政资金约1/3，集资、捐赠资金占2/3。但教育集资无疑加重了本来年收入不高的农村家庭的负担，1996年中央决定减少包括教育集资在内的各种农村集资。1997年，《农村教育集资管理办法》对农村教育集资进行了规范。2001年农村税费改革后，取消了教育集资。

教育捐赠。社会的教育捐赠也是义务教育办学经费的一项重要来源，并受到政府的鼓励。1985年颁布的《中共中央关于教育体制改革的决定》中指出“在自愿的基础上，鼓励单位、集体和个人捐资助学”。《义务教育法》和《教育法》中也有明确条文鼓励社会的教育捐赠。《企业所得税法》规定企业发生的公益性捐赠支出，在年度利润总额12%以内的部分，准予在计算应纳税所得额时扣除。《中华人民共和国公益事业捐赠法》（1999年）、《关于纳税人向农村义务教育捐赠有关所得税政策的通知》（2001年），都有鼓励社会的教育捐赠或捐赠金额准予在企业所得税和个人所得税的所得额中扣除的条款。

20世纪80年、90年代，为了拓展学校办学经费的来源，政府还允许并支持学校发展校办产业，包括校办工厂、校办企业等，业务范围包括提供社会服务、勤工俭学等。同时，学校举债办学、举债进行新校区、新校舍建设也成为学校教育经费来源的途径之一。

杂费、教育费附加、教育集资给受教育家庭和学校带来了负担。

（3）农村税费改革后的义务教育

2000年左右，我国家庭教育经费负担达到相当高的水平，儿童辍学率高。这一时期，我国财政收入开始高速增长，这为加大教育财政投入、减轻家庭教育负担提供了可能。2000年后，我国开始对教育投入体制进行改革，主要体现在两个方面：一是完善学生资助体系，降低家庭困难学生的辍学率；二是加大教育财政投入比重，并向占GDP比重4%的目标迈进，降低家庭教育成本，减轻家庭教育负担。

实行免费义务教育。为了降低学校收费，减轻家庭教育负担，2000年之后我国的义务教育逐渐从少收费到不收费的免费义务教育阶段过渡。2001年，国务院颁布《关于基础教育改革与发展的决定》，提出在国家扶贫开发工作重点县等农村贫困地区义务教育阶段，实行由中央有关部门规定杂费、书本费标准的"一费制"收费制度，对其他地区，由省级人民政府按照国家有关规定，结合当地实际，确定本地区杂费、书本费的标准。各级人民政府要完善落实中小学助学金制度。从2001年开始，对贫困地区家庭经济困难的中小学生进行免费提供教科书制度的试点，在农村地区推广使用经济适用型教材。采取减免杂费、书本费、寄宿费等办法减轻家庭经济困难学生的负担。2003年，国务院颁布了《关于进一步加强农村教育工作的决定》，提出到2007年，争取全国农村义务教育阶段家庭经济困难学生都能享受到"两免一补"（免杂费、免书本费、补助寄宿生生活费），努力做到不让学生因家庭经济困难而失学。2007年，我国农村全面实现了免费的义务教育。2008年，我国城市全面实现了免费的义务教育。

义务教育的均等化发展、教育的公平性问题，成为2008年后政府部门及各级教育主管机关需要解决的新问题、新任务。通过广泛调研、征集意见并多次修改，《国家中长期教育改革和发展规划纲要》于2010年发布，提出“均衡发展是义务教育的战略性任务”。2013年开始，教育部组织，各省市教育厅（局）负责，开始对县域内义务教育的均等化进行评估考核，评估的指标包括生师比、设备、体育馆设备和面积、生均图书、生均宿舍面积等软硬件条件。考核的目标是从缩小城乡差距到缩小区域差距，最终实现义务教育的均等化，实现教育的公平。

3. 高中教育

（1）高中教育的发展概况

我国的高中教育不同于义务教育，并非完全的纯公共产品，也未完全普及。在20世纪90年代中期以前，居民对高中教育的青睐程度不如中等技术学校、中等师范学校等中职类学校。原因在于，1997年以前，中职类院校“包分配”工作，并且学费相对较低，大部分学生为了降低教育成本并快速就业，更愿意选择中等职业类院校。中职院校的录取分数明显高于普通高中，成绩优异的学生往往选择中职院校。2000年以前，高中的录取率相当低，大部分初中生毕业面临无书可读的情况。

1977年恢复高考后，高中教育几十年的发展有几个特点：其一，整体上公共教育财政对高中阶段的投入不足；其二，学杂费是高中办学经费的重要来源，高中在校生的家庭教育负担较重；其三，公共教育财政对高中贫困生的资助体系不健全；其四，高中教育经费投入在城乡之间、重点高中与非重点高中之间差异较大；其五，优质高中教育资源在城乡间分布不均衡。

（2）高中教育的公共教育财政投入体制

现有的高中阶段教育财政投入，遵循“地方负责，分级管理，以县为主”的原则，这也是我国义务教育阶段财政投入所遵循的原则。这一原则的重点是“以县为主”，从公共产品和准公共产品的提供来看，财政分权理论认为，产品的提供应当以地方为主导，因为地方政府更加了解当地情况，能够准确提供当地居民最急需的公共产品。2001年以前，我国中小学的办学模式为“县办高中，乡办初中，村办小学”。1994年，我国开始进行分税制改革，一个基本特征是“财权上移，事权下移”。对教育领域的影响是，一方面县、乡两级的财政权财力不足，另一方面教育办学任务量大、支出压力加大。为了化解这种矛盾，出现了教育附加、教育集资、提高学费收入等方式，加重了居民的教育负担。2000年开始，取消了教育费附加、教育集资等费用，但又造成了中小学的办学经费不足。2001年，国务院出台了《关于基础教育改革与发展的决定》，提出“实行在国务院领导下，由地方政府负责、分级管理、以县为主的体制”，重新界定了各级政府在中小学办学上的事权和财权。

为了充实县级政府的中小学（包括高中）教育经费，也为了教育的均等化发展，国家加大了教育财政的转移支付力度。但中小学教育的成果存在滞后性和外溢性，并不能及时、直接体现地方领导的业绩，因此出现挪用高中教育经费进行固定资产投入；挤占高中教育经费，完成义务教育的硬性指标等现象。高中教育阶段还存在高额择校费等非正常情况，加重家庭教育负担。

（3）我国高中教育阶段的资助制度

我国普通高中教育阶段的资助制度为“国家为主体、学校为补充、社会共参与”，资助来源包括国家、学校、社会三个部分，其中国家资助为主要来源，学校和社会资助为补充力量。2010年以前，我国高中教育阶段的资助模式并未形成完整体系，并且由于各地区的经济发展水平、财政实力不同，资助覆盖的范围、资助金额的大小和资助的方式等都有差别。2010年，财政部和教育部共同颁发《关于建立普通高中家庭经济困难学生国家资助制度的意见》（以下简称《意见》），提出建立普通高中家庭经济困难学生国家资助制度，是贯彻落实科学发展观、构建社会主义和谐社会的重要举措，是实施科教兴国和人才强国战略，优化教育结构，加快普及高中阶段教育的有效手段，对于完善国家资助政策体系，帮助家庭经济困难学生顺利完成学业，促进教育水平，具有重大意义。

国家资助的形式为国家助学金，经费来源为中央政府和地方政府。国家助学金的覆盖范围为约20%的在校高中生。各省市的贫困程度和贫困面不一样，如广东省的贫困人口占全省总人口的比例远低于西南地区的贵州省，中央政府根据实际情况，对各省的支持力度不一样，总的原则是向贫困地区、向农村地区以及向民族地区倾斜。我国经济发展水平是东部地区最高，西部地区最低，因而东、中、西部地区各省大致的自主资助比例为10%、20%、30%。国家助学金的平均资助标准为每生每年1500元，各地可根据实际情况将国家助学金分为2～3档，资助额度可在1000～3000元范围内调整。2014年，资助制度又进行了调整，将财政补助时间调整为三年、资助标准由每生每年1500元提升至2000元。资助经费的来源由中央政府和地方政府按比例分担，并且根据各地财政实力的不同分担的比例也不同，东部地区按各省实际财政实力视情况分担；中部省份中央与地方的分担比例为6：4；西部省份中央与地方的分担比例为8：2。

《意见》还提出各高中学校可以从事业收入中足额提取3%~5%，用于对贫困学生学费减免、特殊困难补助以及设立校内奖助学金，将学校力量作为国家助学金的补充。《意见》鼓励社会捐资助学。提出要进一步落实、完善鼓励捐资助学的相关优惠政策措施，积极引导和鼓励企业、社会团体及个人面向普通高中设立奖学金、助学金。

4. 职业教育

我国职业教育按层次高低划分，可以分为中等职业教育和高等职业教育；按种类划分，可以分为师范教育、专业技术教育等。改革开放以来，我国的职业教育既经历过辉煌，也经历过滑坡，现在正处于再发展时期。

（1）职业教育的辉煌

1978年，在全国教育工作会议上，邓小平同志提出“扩大农业中学、各种中等专业学校、技工学校的比例”。中央出台了一系列文件推进职业教育的发展。当时的时代背景是，技术工人、教师队伍、专业的医疗卫生人员等都大量缺乏，按照常规教育模式，12年左右的小学、初中、高中教育，4年左右的大学本科教育，人才培养的速度无法满足实际岗位的需求。因此需要大力发展职业教育，这一时期的中等师范学校（中师）、卫生职业中等专业学校（卫校）等大量出现并迅速发展。这一时期出台的重要文件和法律法规包括《关于改革城市中等教育结构、发展职业技术教育的意见》（1983年），明确了城市职业教育多部门、多结构、多形式办学的指导方针；《关于加强和改革农村学校教育若干问题的通知》（1983年），提出要发展职业技术教育，振兴农村、加快农业现代化。也是基于这一文件，当年的不少农村普通高中改名、转轨为职业学校；《中共中央关于教育体制改革的决定》（1985年），提出“逐步建立起一个从初级到高级、行业配套、结构合理又能与普通教育相互沟通的职业技术教育体系”；《中华人民共和国职业教育法》（1996年），是为了实施科教兴国战略，发展职业教育，提高劳动教育，提高劳动者素质，促进社会主义现代化建设，根据教育法和劳动法制定的法规。

从1978年到1996年，是我国职业教育的上升发展期，主要得益于两个因素：一是政策的支持，从中央到地方，从政策的制定到职业教育经费的划拨，都在向职业教育倾斜；二是社会的需求旺盛，这实际上是来源于职业教育的就业政策。1996之前，我国的职业教育实行“统包统配”的就业制度，即职业学校的学生，学生的学杂费等培养费用全部由国家财政负担，学生毕业后，由国家的指令性计划分配到全民所有制单位，这些单位包括各级政府部门、国有企业等，并且就业生的身份往往还是干部。在这一制度下，快捷、良好的就业前景吸引了一大批优秀的初中毕业生选择接受职业教育，大量的职业类院校开始兴办，并且规模不断壮大。改革开放以来，城市服务需求增加，该需求正好与职业教育的培养口径对应，这从客观上拉动了职业教育的发展。至1996年，我国中职学校招生比例占到了高中阶段招生比例的58%，中职学校的在校学生总数占到了高中阶段学生总数的57%（和震，2009）。

（2）职业教育的滑坡

1996年到2002年是职业教育的滑坡期。主要有两个原因：一是20世纪90年代国企改革或企业重组，造成职业教育人才市场需求急剧萎缩，严重影响了职业教育的办学；二是高校扩招带来了“普高热”，挤占了职业教育的生源和办学经费。

为了应对职业教育的滑坡，教育部门主要从两大方面做出了政策调整：一是调整职业教育学校的布局结构；二是放松职业教育学校的招生政策。

优化学校布局结构方面。1999年9月教育部印发《关于调整中等职业学校布局结构的意见的通知》（教职成〔1999〕3号），其中提出对中等职业学校通过合并、共建、联办、划转等多种形式进行布局结构调整，可以进一步优化资源配置，扩大学校的办学规模，改善办学条件，使教学质量和办学效益都得到提高，进一步提高学校的竞争力。改变“条块分割”的中等职业学校布局结构，建立起在当地政府的统筹规划下，适应区域经济和社会发展需要的中等职业学校布局结构。中等职业教育优化的另外一个方向就是升级办学层次，从1999年开始，大部分中等职业教育搭上了高校合并重组的政策便车，开始通过合并、重组向高等专科教育、高等职业教育升级。办学层次的升级，一方面提高了学生的就业质量；另一方面提高了学校的生源质量。特别是本科招生规模还不算大的时候，升级而来的高职、高专类院校承接了大量比较优质的生源。但随着本科招生规模的扩大，生源的质量持续下降。

放松职业教育学校的招生政策。2000年7月，教育部发出紧急通知，要求放开中职招生计划限制。为了吸收生源，维持中等职业学校的生存，教育部门出台了一系列针对性极强的办法，包括“放开招生限制”“自主招生”“跨地区、跨省招生”等。

（3）职业教育的再发展

20世纪80年代末90年代初开始，农民工开始大规模向长三角、珠三角等沿海经济发达地区流通。大量的农民工，意味着大量的劳动力，为我国沿海发展地区的经济高速增长做出了巨大贡献。经过十多年的发展，第一代农民工因逐步迈入中老年陆续返乡，由于独生子女政策，第二代农民工数量远不如第一代农民工。且第二代农民工的价值观、职业观与他们的父母辈不同，吃苦耐劳的程度、对职业稳定性的追求不如他们的父母辈。多重原因叠加，造成了“农民工荒”，特别是“技工荒”。

“农民工荒”“技工荒”的出现，引起了国家和社会各界的高度关注，同时也引起了国家和企业界对职业教育的再度重视。从2002年到2005年，国家连续召开了全国职业教育工作大会，同时出台了一系列促进职业教育发展的文件，包括《国务院关于大力推进职业教育改革与发展的决定》（2002年），《教育部等七部门关于进一步加强职业教育工作的若干意见》（2004年）等。2005年，还提出现代职业教育体系、增加投入、建立学生资助体系等。此后，政策明确职业教育的定位，从建设职业教育的现代化体系出发，建设了一系列的重大项目。

值得注意的是，我国目前的高等教育已经达到“大众化”教育的阶段，我国职业教育的招生生源进一步被挤占，不少职业院校（包括高等职业院校）都在积极开拓“继续教育”“职业技能培训”等新的业务。

5. 高等教育

我国的高等教育经历重重改革，在曲折中前行，从高等教育的规模看，我国高等教育的规模已经稳居世界第一。

（1）高等教育的办学规模变化

中华人民共和国成立之初，高等教育体系、学科培养体系照搬苏联体系，过于细化和专一化。在当时的历史背景下，由于高等教育基础薄弱、高级知识分子短缺、普通民众的受教育水平普遍低下等因素，高等教育的规模不大。“文化大革命”期间，高等教育系统也受到了冲击。1977年10月21日，举行了恢复高考后的第一次考试。

为了解决居民不断上涨的高等教育需求，也为了解决我国经济发展过程中的人才短缺问题，高等教育规模不断扩大。1999年高等教育开始大规模扩招，高等院校也从这一年开始开启重组、扩建之路。我国高等教育扩招不仅在本科教育层面，硕士研究生层面和博士研究生层面也进行了不同程度的扩招。

高校扩招基本遵循一个规律，即经济增速放缓、就业相对困难时期会有较大规模扩招，目的在于延迟部分学生就业，减少就业压力。2020年，受新冠肺炎疫情影响，为了保障民生，“保就业”，高等院校承担了相应的任务，“专升本”计划指标同比增加32.2万；硕士研究生招生规模比2019年增加了18.9万，达到110.6万人，而这一数据2002年时才16.4万人，18年的时间增长了5.74倍。

2019年，我国共有普通高等学校2688所（含独立学院257所），各类高等教育（包括专科生、本科生、硕士研究生、博士研究生）在校学生总数4002万人，高等教育毛入学率51.6%。中国的高等教育规模早已经超过美国，成为世界高等教育第一大国，中国的高等教育已开始进入普及化教育阶段。我国虽然是教育大国，还不是教育强国。近年来，随着我国高等教育的规模扩大，同时也出现了培养质量不高、高校负债多、学生经济负担重、生师比大等诸多问题。

（2）我国高等教育的学杂费制度

计划经济时代，国家对高校在校生“统包统配”，高校在校生不仅不缴纳学费和住宿费，还按月享受较高的助学金。改革开放以来，部分公办高校为了解决办学经费短缺问题，开始通过自费生、委托培养生的方式收取学费和委托培养费，尝试性建立学费制度。1989年，国家教委、国家物价局、财政部联合发布《关于普通高等学校收取学杂费和住宿费的规定》，按照该规定，从1989学年度开始，对新入学的本、专科学生实行收取学杂费制度；对新入学的住学校宿舍的本、专科学生要收取住宿费。但这时的收费水平还很低，远低于同时期的自费生、委培生的费用。与此同时，国家对一些支持、扶持专业（如师范专业和农林水油等专业）继续实行学费免除。这样就形成计划内低学费、计划内免学费和计划外高学费（指自费和委培）的三轨制。三轨制不仅运行复杂，给学校教学管理带来困难，还造成了严重的教育不公平。

三轨制带有一定的试验性质，也是国家对高校学费制度的一种探索和尝试。为了建立高校制度化的、统一的、规范的学费制度，从1992年开始，国家陆续发布了一系列政策和文件，关键性文件是1996年出台的《高等学校收费管理暂行办法》。到1997年，我国公办高校的招生收费三轨制全面取消，统一的学费制度基本建立。

我国高校统一的学费制度主要针对公办高校，对于民办高校的管理较为宽松。学杂费是民办高校主要收入来源，而民办高校的主要目标是盈利，因此，允许民办高校的学杂费高于其培养成本，让其取得合理的回报。

（3）我国高校的财政投入制度

除了学杂费的收入，政府的教育财政投入才是高校的主要收入来源。目前，我国高等教育的办学经费由中央、省和市三级政府共同负担，以省为主。三级政府共担的机制也是经过了一系列试点、试验，最后总结而来的。

改革开放前，我国实行“统收统支”财政体制，高等教育办学经费完全由财政投入。改革开放以来，打破了统收统支的财政体制，形成“财权上移，责权（包括教育支出的责任）下移”。1998年，国务院发布《关于调整撤并部门所属学校管理体制的决定》，将大批高校划转地方管理为主，并提出要做好经费的划转工作。1999年，高校开始扩招，进一步加重地方政府（主要是省级政府）的财政负担。教育支出责任下移，使财力相对不充足的地方政府承担了高等教育支出的重任；同时由于地区之间经济发展水平差距巨大，导致了各省份间高等教育经费财政投入差距巨大。

虽然从1989年开始，我国高校实行学杂费制度，但实际上随着我国高等教育的发展，国家对高等教育的投入也在不断增长。“生均教育经费”作为一个重要的教育财政经费支出指标，其变化可以在一定程度上反映国家教育财政投入的变化。从1993年到2000年我国高校的生均教育经费持续增长，2000年达到最高，此后则持续下降。主要的原因是，我国高校从1999年开始扩招，教育财政经费投入的总量虽然逐年上升，但高校扩招的速度明显高于教育财政经费增长的速度，这就造成了生均教育经费的下降。与此同时，为弥补教育财政投入的不足，学杂费收入占教育经费的比例则呈现上升趋势。

中央政府和地方政府的责权不对等、区域教育发展水平的不均衡和公共教育财政投入占比不断降低等问题，都促使国家对公共教育财政投入进行改革。2016年出台《国务院关于推进中央与地方财政事权和支出责任划分改革的指导意见》，明确了高等教育为中央政府和地方政府的共同事务，共同承担经费支出责任。至此，形成了我国高等教育经费负担模式：中央、省和市三级政府共同负担，以省为主。

四 我国高等教育的学生资助制度

我国高等教育的学生资助制度在1989年之前一直都延续计划经济时代的“统包统配”制度，即高校在校生除了免交学杂费外，还按月享受较高的生活补助金，这一福利制度有力地保证了贫困家庭的学生不会因生活困难而无法完成学业。1989年高校开始收取学杂费和住宿费，接下来由于高校规模不断扩大、高校办学经费的筹措困难等原因，高校的学费大幅提高，加大了贫困家庭大学生的求学困难。为帮助贫困家庭大学生顺利完成学业，政府有步骤地推出了一系列高校学生资助政策，最后形成了一整套完善的制度。

随着高校扩招，高校贫困生绝对数量增大，1999年出台《国务院办公厅关于国家助学贷款的管理规定（暂行）》，开始建立政府补贴部分利息的高校学生国家助学贷款制度。此后，国家助学贷款制度逐渐改进，成为高校学生资助资金的主要来源。

2000年开始，高校建立“绿色通道”制度。所谓绿色通道，就是对家庭经济困难新生先办理入学手续，入学后再根据家庭经济情况采取相应的资助措施。绿色通道制度保证了高考已录取考生不会因为家庭经济困难无法跨入高校大门。

2007年，发布《国务院关于建立健全普通本科高校、高等职业学校和中等职业学校家庭经济困难学生资助政策体系的意见》，扩展和改进奖学金制度，大幅扩大国家助学金的资助覆盖面，使之成为与国家助学贷款并重的资助资金来源，形成了比较完善的高校学生资助体系。

上述一系列政策出台，我国高校的资助制度已基本建立并完善。基于政府对高等教育的高度重视和消除贫困的坚定决心，高校的资助制度还在不断完善，资助的覆盖面、资助的力度都在不断加大。

五 本章小结

我国的教育制度，随着社会和经济发展水平的变化，历经波澜，最终形成成熟的体系。高考制度的恢复，使高等教育开始恢复元气；为了快速解决城市产业工人、技术工人的短缺问题，我国的职业教育（包括中等职业教育和高等职业教育）获得了长达十多年的黄金发展时期；义务教育随着我国国力的增强，从学杂费减免到所有费用减免；幼儿教育从公立幼儿园低比例覆盖发展到高比例覆盖。这些都体现了我国教育体系的发展成就。目前，随着国家教育资助体系的不断发展和完善，我国义务教育的入学率、保学率基本达到了100%，高等教育也达到的普及化阶段，我国已成为名副其实的教育大国。随着“双一流”“强基计划”等一系列教育计划的推进，我国正向教育强国迈进。

第四章

我国人力资本的形成：医疗卫生投入

合理的健康投入保证了个体人力资本拥有健康的体魄和充沛的体力从事工作和学习。劳动者个体的身体越健康，意味着生病的概率越低，能够投入劳动和学习的时间越多。同时，通过健康保健等方面的投入，能有效延长个体的寿命，能使个体在更长的时间内发挥智慧和才能，充分体现其人力资本价值。对健康人力资本的研究，杨建芳、龚六堂（2006）和余长林（2007）等人在M—R—W的框架下分别进行了理论分析和实证研究。

一 我国医疗卫生领域长期存在的“痛点”和“难点”

为了解决医疗卫生领域看不起病、看不了病、因病返贫等矛盾，我国政府从医疗资源供给、医疗保障制度、基础设施建设、医疗人才培养等方面不断进行系统化改革和创新。

医疗资源供给方面。改革开放前，我国的医疗资源供给方式为单一的公有制供给，供给方式唯一、医疗资源严重不足，“看病难、住院难、手术难”等矛盾非常突出。改革开放40余年来，我国政府从供给渠道出发，通过放开、引导、培育等方式，不断推进民营医疗机构的发展，迄今，已形成以公有制为主体，多种渠道、多种形式办医的新格局，很大程度上缓解了医疗资源供给不足的矛盾，缓解了“看病难”的问题。

多种渠道、多种形式办医的新格局也带来了新的问题：城乡发展不协调，医疗机构创收动力趋强，农村合作医疗解体，公费医疗和劳保医疗筹资不足，政府卫生投入比重下降，居民医疗费用快速上升，矛盾由“看病难”转变为“看病贵”。从历年来政府的卫生投入和个人卫生支付占总卫生费用的比例的情况来看，1978年我国卫生总费用中政府预算支出的比例为

1/3，2003年这一比例仅为17%；个人卫生支出占卫生总费用的比例从1978年的20%上升到2003年的50%以上。政府卫生支出占财政支出的比例在20世纪70年代末、80年代初曾接近40%，1990年这一比例下降至6%左右，2001年至2005年这一比例仅为4%左右，2006年开始有所回升，2009年这一比例为27.46%。我国财政收入占GDP的比重，虽然1990年到1995年有下降过程，但1995年到2011年这一比重是逐年稳步上升的，2011年达到20%。财政收入逐年上升的情况下，卫生支出逐年下降。我国卫生投入的总费用明显偏低，2003年我国卫生总费用占GDP的比重为5.6%，其中政府负担17%；欧洲发达国家的卫生投入费用一般约占GDP的10%，政府承担其中的80%～90%；亚洲的泰国，政府承担的卫生费用占卫生总费用的比例为56.3%。政府卫生投入比重的降低，也导致了医院经费来源减少，使医院运行依靠向患者收费的市场化道路。

为缓解“看病贵”的矛盾，新的改革探索性地建立了城镇职工医疗保障制度、新型农村合作医疗制度、基本的卫生法律法规体系等制度。随着改革的步步深入，我国已初步构建了以社区卫生服务、农村三级医疗卫生服务为基础的新型城乡卫生服务体系，医疗卫生服务的健全逐步缓解了“看病难”问题；完善了公共卫生服务体系，基本建成覆盖城乡、功能比较完善的疾病预防控制和应急医疗救治体系，公共服务能力明显提高；强化了制度建设，新型农村合作医疗制度、城乡医疗救助制度、分级诊疗制度基本建立；对医疗卫生事业的筹资渠道、管理体制、补偿机制、价格体系、人事制度等进行了改革探索，商业健康保险得到较快发展，现代医疗管理制度建设进一步推进，提高了服务质量和水平。医药卫生体制改革得到深化，公共卫生、医疗服务、医疗保障和基本药物保障能力明显提高，用“较低廉的费用”为群众提供了安全、有效、方便的基本医疗卫生服务。

二 我国医疗卫生制度改革和医疗卫生经费投入

健康人力资本的培养主要依靠医疗卫生投入，医疗卫生投入又与卫生投入的政策和制度息息相关。我国卫生制度大致经历了三个发展阶段。

1. 第一阶段：我国医疗卫生制度的形成时期（中华人民共和国成立至20世纪70年代末）

这一时期我国医疗卫生制度的总体方针是“面向工农兵、预防为主、团结中西医，卫生工作与群众运动相结合”。农村以村或乡为基本单位建立保健站，建站费用由生产合作社的公益金补助和农民个人交付的“保健费”共同负担。农民的“保健费”人均每年几角钱，看病时只需要支付药费而不需要支付其他费用。人民公社化后，各个生产大队都建立了保健站。保健站的大量建立，必然需要大量的医疗人员。1965年开始，卫生部门培训了大量没有固定编制，有一定医疗知识和能力的医护人员，即人们所称“赤脚医生”来充实保健站。保健站的赤脚医生由农村选拔，经卫生部门培训，劳动报酬由集体经济组织支付。从中华人民共和国成立到1978年，共培养了470多万名赤脚医生，全国90%行政村实行了农村合作医疗。农村卫生保健站的建立，赤脚医生的培训，极大提高了我国农村的卫生健康水平。这一时期城市的卫生医疗保障也实现了全额覆盖。行政事业单位对所属职工实行公费医疗保障，企业对所属职工实行劳保医疗保障，各单位还对各自职工的子女按其父母享受的医保制度实行了不同程度的覆盖。

本阶段有如下特点。第一，覆盖面广，城镇实行了全覆盖，农村覆盖了90%的行政村，建立了完整的卫生保障体系。第二，卫生费用大部分由公共财政、国有企业和集体经济负担。第三，公平性高，卫生服务区域间的差异较小。但这一时期卫生服务的水平和效率都较低，属于低水平的全额覆盖。

2. 第二阶段：我国医疗卫生制度的转型时期（1979年至十六届六中全会）

这一时期农村实行“家庭联产承包责任制”，家庭成为独立的生产单位，农村集体的筹资能力弱化。这一改变，对我国的农村合作医疗体系形成了严重冲击，截至1989年，实行农村合作医疗的行政村占全国行政村的比例锐减到4.8%。尽管政府出台了一系列政策试图恢复农村合作医疗体系，但成效不大。这一时期城镇医疗保障体系随着企事业单位的改革和财税制度的改革，也越来越满足不了现实的需要。1998年我国开始实施城市卫生改革。在新的制度下，各医疗机构实行独立核算且收支管理两条线，医疗机构实行分级分类管理，医疗费和药费单独核算。财政拨款方式也实行了转变，对医疗机构实行按床位数定向拨款。并借鉴国外经验，将一些企业所属医疗机构和低等级原城市医疗机构整合为城市社区卫生服务机构。

本阶段有如下特点。第一，政府公共卫生投入比例降低，个人医疗保障负担加重。第二，城镇卫生服务体系进一步健全，但完整的农村合作医疗保障体系基本失效。第三，注重卫生机构的服务质量和效率，公共卫生投入城乡间、区域间不均衡。

3. 第三阶段：我国医疗卫生制度的重构时期（十六届六中全会至今）

党的十六届六中全会以来，政府高度关注卫生事业。目前，重新建立了新的农村合作医疗体系，完善了我国城乡间的医疗卫生服务网络，并保障了城乡间医疗卫生资源的合理共享。新的医疗保障制度，也彻底地解除了企业的卫生保障负担。

卫生制度的变革不可避免地引起卫生投入变化。改革开放之前，也就是我国卫生制度的第一阶段，由于实行高度计划经济，卫生投入的来源主要为政府的公共财政投入和个人支付。随着我国卫生制度几度变革，卫生投入的费用来源已经发展为政府卫生投入、个人支付、社会医疗保险和私人医疗保险五类途径。由于医疗卫生的特殊性和个人支付能力的不同，政府的卫生投入对健康人力资本的影响至关重要。

政府卫生投入的减少或者投入不够，必然会加重个人的医疗保障负担。从马斯洛的需求层次理论来分析，个人必须首先保证生存的需求才能再去满足其他的需求。个人医疗保障负担的加重，必然会影响其他投资决策（如教育投资）。总体来说，政府卫生投入和个人卫生投入的高低和比重，直接影响整体的健康人力资本，间接影响人力资本结构。

三　我国在提高医疗卫生保障方面的主要措施

1.推动公立医院改革，破除“以药补医”弊端

以医疗、医保、医药联动为主线，协同推进公立医院、统筹城乡医保、药品供应保障体制改革，强化政府办医主体责任，改革公立医院补偿机制、医疗服务价格、管理体制、人事薪酬制度。在确保基本医疗公平普惠的同时，打通新农合、大病医保、医疗救助“一站式”“一卡通”服务渠道。

2.公立医院综合改革全面推进

2000年2月，国务院办公厅转发国务院体改办等部门《关于城镇医药卫生体制改革指导意见的通知》，各地有关部门陆续制定和出台了涉及医疗机构分类管理、财政价格、药品收支两条线管理和病人选择医生等具体实施办法。引入竞争机制改革办医模式，促进了公立医院的改革。就医清单制实施范围不断扩大，一批医疗机构实行医疗服务收费和药品价格公开制度，建立

了门诊及住院费用查询制度。为推进公立医院改革，出台了《中共中央、国务院关于卫生改革与发展的决定》，提出“企业卫生机构是卫生资源的重要组成部分，在深化企业改革过程中，要根据实际情况积极探索，逐步实现卫生机构社会化”。

3.不断提高全民医保水平

20世纪80年代以后，为适应经济体制改革，全国进行了以控制费用为中心的公费医疗和劳保医疗制度改革。1992年起，全国开展了职工医疗保险改革。根据1998年《国务院关于建立城镇职工基本医疗保险制度的决定》，各省分别制定了具体的改革实施方案，城镇职工基本医疗保险以市、州、地为统筹单位（含省级）。省制定主要配套政策，各统筹地区制定本单位的配套政策。2007年下半年，国务院启动城镇居民基本医疗保险试点，为城市非就业居民建立基本医疗保障制度。

农村社会医疗保险主要以农村合作医疗的形式开展。2002年以前，在“合作化”和“公社化”背景下，传统的合作医疗逐步兴起，资金筹集由个人筹资为主逐步过渡为以集体经济出大部分的形式。在这一时期，农村合作医疗也得到了很大发展。随着农村家庭联产承包责任制实施，人民公社取消和生产大队解体，合作医疗赖以依存的经济基础不复存在，农村合作医疗急剧下滑。2002年以后，政府提出“逐步建立以大病统筹为主的新农合制度”。为筑牢全民基本医疗健康根基，遏制和减少“因病致贫、因病返贫”，让更多人民群众受益，各省政府又相继出台了大病医保方案，城乡基本医疗保险报销后，个人年度累计负担的合规医疗费用超过大病保险起付标准的，纳入大病保险。同时，为方便居民医疗结算，不断试点异地就医即时结算方案，目前该方案已经全国实施。

4. 建立基本药物制度，完善医药采购制度

为了进一步降低虚高药品价格，各级政府和医疗机构按照集中采购实施方案和集中采购目录，抓住招标药品生产企业、量价挂钩、双信封制等关键环节重点突破，在全国范围内实施招标药品每个质量类型最低价中标。为了进一步降低高值医用耗材虚高价格，逐步采取网上采购的方式。同时严格实施国家基本药物制度规范，促进基本药物合理使用。严格规范药品集中采购行为，已初步建立以市场为主导的药品价格形成机制，强化了价格、医保、招标采购等政策的衔接和监管，全面实施药品电子监管，满足群众用药需求。

四　我国医疗卫生领域取得的主要成就

1. 医疗卫生服务体系从短缺到健全

改革开放初期，医疗卫生资源严重短缺，医疗服务能力严重不足。为缓解供需矛盾，1985年，国务院提出发展卫生事业的基本思路是：鼓励多渠道办医；实行放权、让利、搞活，鼓励创收和发展；改革收费制度。经过改革，我国办医主体发生了深刻变化，逐步形成了以公有制为主体，多种渠道、多种形式办医的新格局，医疗服务供给大幅度增加，医务人员的积极性大幅提高，缓解了“看病难、住院难、手术难”等突出矛盾。随着改革的进行，农村合作医疗解体，公费医疗和劳保医疗筹资不足，居民医疗费用快速上升，医疗卫生服务的矛盾由“看病难”转为“看病贵”。1996年年底，党中央、国务院召开了中华人民共和国成立以来第一次全国卫生工作会议，确定了新时期卫生工作奋斗目标、工作方针和基本原则。强调坚持为人民服务宗旨，坚持把社会效益放在首位；强调以人民健康为中心，优先发展基本卫

生服务；强调从国情出发，合理配置资源，注重质量和效益；强调加强农村卫生、预防保健和中医药工作，逐步缩小地区差距；强调举办医疗机构要以国家、集体为主，社会力量为补充。1997年，中共中央、国务院出台《关于卫生改革与发展的决定》，明确我国卫生事业的性质是社会公益事业，政府负有重要责任，强调卫生事业发展必须与国民经济发展相协调，人民健康保障必须与经济发展水平相适应。2002年，中共中央、国务院出台《关于进一步加强农村卫生工作的决定》，提出推进农村卫生服务体系建设，建立和完善农村合作医疗制度和医疗救助制度等。

2. 基层医疗服务水平逐步提高

改革开放初期，我国医疗卫生体系不仅供需矛盾突出，而且平均主义盛行，医疗人员缺乏积极性，医疗服务水平低。1985年，国家开始实行放权、让利、搞活，鼓励创收和发展，激发了医疗人员的积极性，但医疗硬件缺乏、医疗技术低的状况没有得到根本改变。1996年年底，党中央、国务院提出优先发展基本卫生服务、合理配置资源、注重质量和效益、加强农村卫生工作、缩小地区差距。1997年开始，我国省医疗卫生机构活力明显增强，技术水平迅速提高，但由于缺乏必要的政策措施和经费投入保障，医疗机构追求经济利益的倾向未得到有效扭转，基础医疗服务仍然薄弱。为提高基层医疗服务水平，2003年开始，国家批准实施《农村卫生服务体系建设与发展规划》，改善农村三级医疗卫生服务条件；大力组织城市卫生支援农村，实施万名医师支援农村卫生工程；颁布《国务院关于发展城市社区卫生服务的指导意见》，加快城市社区卫生服务体系建设，努力构建以社区卫生服务为基础的新型城市卫生服务体系。通过对农村医疗技术人员培训、培养，农村基层卫生人员综合服务能力得到有效提高。城市初步形成了以基层卫生机构为主体，以人的健康为中心、家庭为单位、社区为范围、需求为导向，以妇女、儿童、老年人、慢性病患者、残疾人等为重点，满足其基本卫生服务需求为目的，融预防、医疗、保健、康复、健康教育、计划生育、技术咨询及适宜技术等为一体的基层卫生服务体系，逐步构建以社区卫生服务为基础的新型城市卫生服务体系，形成每个街道办事处设立一个社区卫生服务中心（站），全科医生、家庭医生相配套的社区卫生服务网络。

3. 公共卫生服务体系更加完善

公共卫生方面，通过各级防疫机构建设的持续推进，不断完善防保设备和疫情监测防治措施，在全国范围内普及健康知识教育，实施预防接种、计划免疫和药物治疗等综合防治措施，使各类传染病得到有效控制。天花和丝虫病已被消灭，碘缺乏病得到较好控制；麻疹、百日咳、白喉、钩端螺旋体、流行性出血热、地氟病、地砷病等也都得到有效控制。通过中央政府和各省级政府对公共卫生建设项目的投入，已经建立起省、市、县（市、区）三级疾病预防控制中心和卫生监督所。提高了对暴发疫情、不明原因、突发公共卫生事件的研究和应急处理能力，加强了疾病预防控制体系。我国的公共卫生服务体系更加完善，功能更加齐全。

4. 分级诊疗制度建设加快推进

2015年，国务院办公厅印发《关于推进分级诊疗制度建设的指导意见》，分“总体要求”“以强基层为重点完善分级诊疗服务体系”“建立健全分级诊疗保障机制”“组织实施”四部分指导工作。

通过加强省级龙头医院建设，推进地市级骨干医院建设发展，加强城镇社区卫生服务体系和农村三级卫生服务网络建设，逐步形成了包含三级医院、二级医院、乡镇卫生院（社区卫生服务中心）、医疗联合体为医疗主体的、层次分明的医疗诊疗体系，医疗卫生资源配置更加合理。通过建立分级诊疗制度，基层医疗机构服务能力明显增强。就诊流向逐渐合理，医疗资源总体配置效率和利用率得到有效提升。

5.社会医疗机构多样化发展

按照中央政府提出的“保基本、强基层、建机制”要求，我国继续深化医药卫生体制改革，坚持非营利性医疗机构为主体、营利性医疗机构为补充，公立医疗机构为主导、非公立医疗机构共同发展的办医原则，积极推进公立医院改革，鼓励社会资本以多种形式兴办医疗机构。

在改革过程中，坚持政府主导与发挥市场机制作用相结合。在基本医疗卫生服务领域，坚持政府主导，落实政府责任，适当引入竞争机制，放宽社会办医准入条件，加大社会办医政策支持力度。随着城市化、人口老龄化、疾病谱改变、医学模式转变、群众卫生服务需求变化，医疗资源配置、利用不合理，医药费用增长过快等矛盾突出。为解决上述矛盾，原卫生部等部委于1999年出台《关于发展城市社区卫生服务的若干意见》，2002年出台《关于加快发展城市社区卫生服务的意见》。

在非基本医疗卫生服务领域，通过发挥市场活力，加强规范引导，满足多样化、差异化、个性化健康需求。进一步发展健康医疗产业，积极发展高端、特色医疗，创新发展智慧医疗，推进医养结合，加快培育发展区域医疗中心。

五 本章小结

“看病难”“看病贵”问题一方面反映了我国医疗资源的不足，特别是优质医疗资源的不足；另一方面也反映了我国公共卫生经费投入的不足。经过长期努力，20世纪70年代左右我国基本建成了全民覆盖的医疗卫生体系，但限于当时的财政实力和医疗水平，属于低水平的全覆盖体系。改革开放以来，公共医疗卫生投入的比例逐年下降，民营医疗卫生事业蓬勃发展，由此也带来了“看病难”“看病贵”等矛盾。为了解决上述问题，我国推进“农村合作医疗”“廉价就医”“药品公共采购”等制度，尽一切可能在降低医药费的同时提供更充足的医疗服务和更全面的医疗保障。目前，我国的医药费已显著降低，公共医疗保险已基本实现了全覆盖，居民在卫生健康领域的满意度进一步提高。

第五章

人力资本的流动与聚集

“人往高处走，水往低处流”，人口的流动归根结底是由于区域经济发展不平衡，落实到劳动者个体身上就是地区间个人收入差距。人力资本流动属于人口流动，但人力资本将人口划分得更为细致。我国20世纪80年代末开始的“民工潮”，21世纪初的“民工荒”，以及现在还在延续的春节期间的“钟摆式”人口流动现象都可以用人力资本流动的理论来加以解释。

一 人力资本流动的相关研究

对于人力资本的迁移，个体的人力资本水平越高，迁移的可能性越大，所以通常将高水平人力资本国际间迁移称为“智力外流”。人力资本的迁移方向多为从欠发达或发展中国家和地区流向发达国家和地区，造成“穷者恒穷，富者恒富”。但从20世纪90年代开始，从发展中国家迁往发达国家的高层次人力资本回流逐步增多。在此背景下，斯塔克（1997）、蒙特福德（1997）等人认为高层次的人力资本迁移对迁出地有一定的积极作用。拜内（2001）、斯塔克（2002）、桑托斯（2003）、利恩（2006）等人进一步研究了人口迁移输出地区的人力资本形成对经济增长的影响，表明高层次的人力资本迁出可促进人口输出地区的人力资本积累和经济增长效率。人力资本迁移的主要动因是人力资本迁移能带来价值的增值，即人力资本从人力资本价值低的地区流向人力资本价值高的地区，简单来说，就是人力资本从工资率低的地区流向工资率高的地区。人力资本迁移的其他动因还包括追求更好的人文环境和成就感。在更高的工资吸引下，通过有效的信息传递和合理的引导，人力资本的迁移可以在短期内改变地区内的人力资本水平和人力资本结构。特别是在我国，地区间的经济发展不均衡，工资水平存在差异，人力资本的地区间迁移非常频繁，迁入地主要为长三角、珠三角和京津地区。从第五次全国人口普查数据来看：迁往珠三角、长三角的劳动力占了全国省际劳动力迁移总量的57.58%，迁往京津冀地区的占10% 。在劳动力前往的省市中，广东占35.5%，居全国之首，接下来为浙江和上海，分别占8.7% 和7.4%，北京占5.81%。利用有限的数据，学者们做出了一定研究。朱宝树分析了长三角地区城市圈的劳动力迁移对长三角人力资本的提升及差别效应。毛军对京津、长三角和珠三角高技术产业集聚情况与成因进行考察，实证分析了包括迁移人力资本在内的人力资本的重要作用。

区域经济的增长离不开自然资源、基础设施等硬件条件，同时，现代经济增长更依赖于技术、创新等因素，而这些都离不开高素质的劳动力，也就是高质量的人力资本。地区内高质量的人力资本越多，或地区对人力资本的吸引力越强，都将对经济增长有利。如近年来，包括各省会城市在内的众多城市，相继出台了一系列面向高等院校毕业生或年轻的高职称、高技术专业技术人员的引进、落户政策，正是基于吸引高水平人力资本的考虑。

通过对南非劳动力流动的研究，卢卡斯（1978）发现：从短期看，会对迁出地产生消极影响，对迁入地产生积极影响；从长期看，劳动力流动对迁出地会产生有利影响，由于人口的减少会反向推动迁出地提高农业投资，进而提高产量。劳动力流动对迁入地和迁出地的短期影响和长期影响是不同的。

按照新古典经济学的理论，从长远看，人口流动将会减少地区间的居民收入差距。20世纪90年代，克鲁格曼等人建立了新经济地理理论，该理论对劳动力的流动与聚集提出了新的解释。承认劳动力是从低工资地区流向高工资地区，而低工资地区通常市场规模较小，高工资地区通常市场规模较大，也就是市场规模的大小决定了工资的高低。

劳动力流动主要是地区间收入水平差距引起的，这一点得到了经济学界的普遍认同。但关于人力资本的流动与聚集，不同的理论学派关注的角度不同，解释也各不相同。

二 人力资本流动的理论模型

1. 刘易斯人口流动模型

刘易斯的人口流动模型又称“两部门模型”。刘易斯将国家经济发展部门抽象为只有两个部门：农业部门和工业部门。国家经济发展是由这两个部门在国民经济中的比重变化引起的，即农业的比重减少，工业的比重增加。

这种变化的动因是农业部门（特别是发展中国家的农业部门）存在大量的劳动力剩余，农业部门的生产率低下，农业人口的收入水平也较低。工业部门的生产力水平明显高于农业部门，工业人口的工资水平也相应高于农业人口。这种部门间工资水平的不均衡造成了农业人口向城镇流动，以寻求工业部门的工作岗位而获得更高的工资。两个部门间的人口流动会一直持续，直到工业部门和农业部门的工资趋于一致。

两部门模型为农村劳动力流动、发展中国家的城镇化发展等经济现象研究提供了理论依据。后来的拉尼斯、费景汉等人对刘易斯的两部门模型做了进一步解释，他们认为农村的剩余劳动力并不会无限制地流向工业部门，因为当农业部门的劳动力减少到一定程度时，农业部门劳动力也会不足，这将导致农业部门生产成本升高，农产品价格上涨，进而引起农业部门劳动力工资水平上升，当农业部门劳动力的工资水平上升到与工业部门持平的时候，两部门间单方面的人口流动将停止。两部门间的人口流动将由市场机制主导，这一模型被称为“拉尼斯—费景汉模型”。

2. 托达罗模型

在托达罗模型中，劳动力在城乡之间流动的前提是城乡之间收入存在差距，这种收入差距越大，劳动力流动的动机就越明显。托达罗模型的核心是提出了“期望收入”概念。农村劳动力在进入城市之前，并没有城市工作经历，也就没有实际获取过城市工资报酬，但这并不会阻止农村劳动力向城市流动，因为农村劳动力会根据从多种途径获取的相关信息对城市工资产生期望，这就是托达罗提出的期望工资，只要期望工资高于农业部门工资水平就会存在劳动力的流动。

托达罗模型有几个核心思想。第一，认为城乡差距（特别是发展中国家的城乡差距）是城乡间人口流动的主要原因，这种流动一方面导致农村人口减少，另一方面会冲击城市原有劳动力市场而造成市场失衡，如会造成城市内劳动力竞争加剧、收入降低、失业率升高等问题。第二，城市高于农村的期望收入是农业人口流动的动因，但同时也存在农业人口进入城市后较长时间找不到工作的风险，劳动者会在预期收入和失业风险之间权衡选择。第三，农村自身的发展，农业部门收入水平的提高，农业人口流动的减缓将会降低城市的就业压力。

3. 中心—外围理论

以克鲁格曼（1991a、1991b）为代表的新经济地理理论认为，不同地区的市场规模是有差异的，这种差异会导致劳动力收入的差距。具体表现是，市场规模小的地区，劳动力收入低；市场规模大地区，劳动力收入高。由于收入差距的存在，劳动力会从低收入地区向高收入地区流动，即从市场规模小的地区流向市场规模大的地区。随着劳动力的流动会形成经济发展的中心，中心地区的发展又将吸引更多的劳动力和要素聚集，这种不断循环之下，最终将形成“中心”和“外围”的格局。克鲁格曼等人的这一理论解释被称为“中心—外围”理论。

但这种聚集不会一直持续，随着聚集，当地市场竞争会日益激烈（市场效应），相关要素（土地、租金等）成本将越来越高（价格指数效应），这些因素将促使产业和要素向其他地区扩散，地区间的市场规模趋于均衡，劳动力收入差距逐渐缩小。

4. FE理论

按照新经济地理理论的研究思路，劳动力的流动是由于存在区域收入差距，这种流动将形成各种资源的空间聚集，资源的聚集使区域间的收入差距由扩大到缩小、最后均衡。奥塔维亚诺和福斯里德（2003）沿着这一思路做了进一步拓展，构建了FE模型（自由企业家模型）。FE模型与“中心—外围”理论的区别在于，FE模型主要专注于人力资本的研究而非普通劳动力。在FE模型中，人力资本会随着企业的流通自由流动，并由此带来生产、消费的空间流动，进而改变所在地区的市场规模。人力资本流动带来的附加效应也会形成产业的“中心—外围”格局，影响中心地区与外围地区的收入差距。FE理论，实际上强调了与普通劳动力相比，人力资本具备更强的流动能力。并且，个体人力资本越高，区域间流动的能力也越强。FE理论另一个隐含的解释是，与普通劳动力相比，人力资本对区域经济增长的影响力更强。

三 人力资本聚集的因素及路径

1. 人力资本聚集的理论发展

1988年卢卡斯就引申出了人力资本聚集的问题，他认为人力资本具有外在效用（external effect），导致人力资本向人力资本存量较高的城市或地区聚集。这一解释也成为人力资本聚集理论的基础。

后来的经济学家，如格拉泽（1995，2005）、佩里（2001）、夏皮罗（2005）、贝里和格拉泽（2005）等人用各种实证方法验证了人力资本聚集理论，得出了种种的解释：高水平的企业家更倾向于聘用高人力资本的员工；人力资本的聚集抬升所在地的房屋价格，从而限制低水平的人力资本增长；人力资本的聚集可以带来“干中学”，从而提升人力资本水平；人力资本的聚集能够带来生活质量的提高等。

人力资本聚集，通俗解释就是“人以群分”。人力资本聚集的个体是相互独立的，但具备一定的相似性。拥有共同特征的人力资本具备沟通、交流和协作的基础，彼此的互动、互补更容易产生更高的效益和更多的创新。人力资本的聚集，类似于产业集群，完备的产业集群和产业链更具竞争力。人力资本的聚集可以是高端人力资本的聚集，如高科技产业园、人才孵化基地、高新技术企业等部门对人才的聚集；也可以是中低层次的聚集，如小商品市场即聚集了大量产业工人和中小型生产经营者。

2. 人力资本聚集的因素

劳动力的聚集主要是因为劳动力为了追求更高的收入而从低收入水平地区向高收入水平地区流动，主要还是工资追求方面的因素。人力资本的聚集除了追求更高的工资收入外，还包括追求更好的人文环境、发展机会等精神方面的目标。人力资本的聚集既可以是主动聚集，也可以是被动聚集。

人力资本聚集受地区经济发展水平的影响，既促进地区产业集聚，同时又受地区产业集聚的影响。地区经济发达，产业集聚程度高，将提供更多的就业机会与创业机会，人员的工资收入水平普遍较高。同时，经济发展水平越高将会促使地区的法制化程度更高，行政管理的效率更好，地区内的商业秩序、商业诚信良好，由此将大大降低商业交易的成本。经济发达地区极易形成行政机构与商业机构的良性互动，高效的行政管理催生良好的商业秩序，良好的商业秩序聚集更多的人力资本，更多的人力资本产生更多的创新，创新的驱动又进一步增强地区的商业竞争能力。因此，发达的经济、良好的商业环境是促使人力资本聚集的重要因素。我国分别以北京、上海、广州为中心的几大经济圈对人力资本（包括高、中、低端人力资本）的吸引力远高于其他地区，就是因为上述地区的经济发达程度远高于其他地区。这类人力资本的聚集属于主动聚集。

人力资本聚集受政策的引导。随着市场经济的发展，用工荒、人才荒等各类问题陆续出现，并对地区经济的发展形成越来越多的制约。政府也越来越意识到人力资本的重要性，针对性地制定了吸引各类人力资本的优惠政策和措施。如澳大利亚面向建筑工、中医师等急缺的人才制定了特殊的移民政策，我国上海对高学历人才有落户优先考虑。近年来，我国西部地区政府对高层次人才的引进高度重视，以贵州省为例，该省对高层次人才的引进提高到了省委省政府协调、调度的高度，并对引进人才的落户、子女入学、配偶就业等均以政府红头文件的形式给出了专门安排。而相关的人才流动数据表明，此类政策对人才聚集效果显著。

受政策引导，高水平的人力资本聚集属于主动聚集。同样受政策引导，低水平人力资本聚集多属于被动聚集。受经济结构转型和产业升级的影响，低技术含量的产业向高技术含量的产业转型，低端产业被动地从经济发达地区向欠发达地区转移，随之产生的是相关技能低、从事低端制造业的产业工人从经济发达地区向欠发达地区的聚集。如前些年广州市就将土地单位GDP贡献度较低的低端产业迁出，重新引进贡献度较高的高端产业，与之伴随的即人力资本的重新流动与聚集。近些年来我国的城镇化政策、农民市民化政策等也促进了人力资本的聚集。《国务院关于实施支持农业转移人口市民化若干财政政策的通知》从教育、医疗、社会保障、公共基础配套和奖励等多个层面给出了制度性安排。这类措施也极大地促进了人力资本的聚集。

人力资本的聚集还受到优质自然资源和人文环境的影响。人们的健康意识不断加强，但部分城市雾霾加剧、生活环境持续恶化，同时以房价为主的生活资料价格快速上涨，生活成本大大提高。因此，部分城市虽然经济相对欠发达，但具备良好的生态环境、相对低廉的生活成本，这些城市成为人力资本聚集的一个重要选择。从人文方面来讲，在相关领域具备重大影响力的个体（如著名的科学家、艺术家）或单位（如优秀企业）能对相关人力资本产生强大的吸引力。具体到城市内部，人力资本的聚集还主要会考虑学区、医院、公共交通等客观因素。

3. 人力资本聚集的路径

人力资本的聚集路径大致可以归纳为：自发聚集、媒体中介平台的引导聚集、各地区的相关招揽平台（包括政府层面、企业层面）聚集。

早期的人力资本聚集多为自发聚集方式。我国互联网没有高度普及之前，信息来源有限、劳动力供需信息不透明，人力资本的聚集存在盲目性和自发性的特点。早期的人力资本的聚集，多以老乡、血缘、师生等关系为纽带，通过相互介绍，信息私下传递，采用传、帮、带等方式进行。随着互联网的普及、信息传播渠道的高度扩展，自发聚集的情况已越来越少，但也还存在。

媒体中介平台的引导聚集。随着互联网的高速发展，多种媒体介质出现，人们接触信息的渠道和方式越来越多样化，人力资本的流动与聚集呈现出高度目的性和有序性。并且由于政府的引导、市场的需求，各种类型的劳动中介机构以实体店和网络虚拟店的形式深度介入人们的日常生活，劳动需求供给的信息高度透明化，人力资本的聚集更加合理和有序。

各地区的相关招揽平台，包括政府层面、企业层面。各地的人才博览会、专门人才引进机构等是高层次人力资本了解当地情况的重要渠道，也是高层次人才聚集的重要途径。各地区企业改变以往的“守株待兔”式的坐地招聘方式，主动到人力资本丰富的地区“上门招揽”，对低水平人力资本的流动和聚集起到了重要的影响。

四 我国人力资本的流动与聚集

改革开放以来，我国经济建设取得瞩目成就。随着国民经济的快速发展，收入差距的持续扩大已成为必须重视的问题。现阶段，我国收入差距主要表现在行业收入差距、城乡收入差距、地区收入差距三个方面。

我国的劳动力流动可分为改革开放前和改革开放后两个阶段。改革开放之前，我国还处于计划经济时代，当时的居民收入差距主要体现为城乡收入差距，地区间收入差距较小，劳动力流动方式、规模和流向与改革开放之后是完全不一样的。

1.改革开放之前的劳动力流动

中华人民共和国成立之初，各行各业百废待兴。按照当时的计划，我国各地区要实现经济均衡发展。伴随着全国性的工业布局，特别是中西部地区的工业建设，大量人员从发达地区向欠发达地区流动。同时，由于战争结束，大量部队需要精简，这一时期的劳动力流动主要以转业官兵为主。

20世纪60年代，政府基于对当时国际局势的预判，从1964年开始，在中西部地区的13个省、自治区进行了以战备为指导思想的大规模国防、科技、工业和交通基本设施建设，即“三线建设”。三线建设是一次大规模工业迁移，大量重工业、国防工业从东南沿海、东北地区向湖北、四川、重庆、陕西等中西部省市迁移，大量从业人员也随之迁移。

中华人民共和国成立之初，工业布局期间的劳动力流动和三线建设期间的劳动力流动是我国计划经济时代规模最大的两次劳动力流动。计划经济劳动力的流动主要以计划调动为主。

2.改革开放之后的劳动力流动

改革开放之后，提出东部沿海地区率先发展，而后带动内陆地区发展的战略。改革开放之初，从宏观政策到微观措施都向沿海地区倾斜，通过国家重点投资、体制机制改革全面促进沿海地区的改革开放，快速充分地释放东部地区的经济发展潜力。同时，通过开设经济特区并逐步开放沿海港口城市，充分吸收国外的资金、先进技术和先进的管理经验。东部沿海地区与内陆地区的经济规模和发展速度迅速拉大，区域经济差异和中心—边缘空间格局逐渐形成。为了遏制和缩小这种差距，国民经济和社会发展“十二五”规划中提出，要发挥比较优势，促进生产要素合理流动，推进区域良性互动发展，逐步缩小区域发展差距。

按照地理经济学的理论，中国产业聚集的中心主要分布在以浙江、江苏和上海为核心的长三角地区、以广东、福建两省为主的珠三角地区，以及以北京、天津和河北为范围的环渤海地区。这三大地区是我国目前产业聚集度最高的地区。近年来，随着内陆经济的发展赶超，又形成了以成都、重庆为门户的西南地区产业集群，以西安为核心的西北地区产业集群，以及以湖北武汉、河南郑州为核心的中部产业集群。

我国各个地区产业集群的支柱产业也各不相同，地区间产业的发展存在错位性。

我国的产业集聚从集聚的因素和类型看，可以分为自发成长型集聚、资源驱动型集聚、规划引导型集聚和产业转移型集聚四种模式。浙江的产业集聚是自发成长型集聚的代表，如义乌小商品市场，在既无资源优势、又无交通优势的条件下自发集聚起来。资源驱动型产业集群依托当地自然资源优势，通过上下游产业聚集，在区域内形成规模经济，如河北省唐山市就是以煤炭为主形成的资源型城市。规划引导型产业集群是典型的政策主导下的“自上而下”的集群发展模式，深圳从改革开放之前的小渔村发展为世界级超大城市就是规划引导型产业集群的典型代表。产业转移型集群主要依托产业转移承接，是一种“自外而内”的产业发展模式，广东、福建等地承接了部分来自发达国家的产业，形成了珠三角产业集群。近年来，由于土地、租金等要素成本的持续升高，珠三角的产业又逐渐向中西部省份转移。

产业的转移往往伴随的是劳动力的大量流动，如随着20世纪80年代广州、深圳等城市的开放发展，内地大量劳动力向这些地方流动。近年来，长三角、珠三角地区成本持续上涨，同时内陆各地区产业的发展和工资水平上涨，部分农民工开始返乡创业，形成劳动力回流。

五 我国人力资本流动与聚集对区域经济增长的影响

地区经济增长主要依靠物质资本、技术进步和人力资本推动，地区特别是城市，以土地为主的自然资源是有限的，这就意味着单纯地依靠物资资本推动存在瓶颈，经济的增长（特别是城市）最终还是要依靠技术进步、创新驱动等要素，而这正与人力资本的聚集高度相关，即地区人力资本的聚集对区域经济增长的影响巨大。事实上，北京、上海、广州、深圳等一线城市的经济增长已经由过去的固定资产投资推动转变为主要由技术进步和创新驱动。

人力资本的聚集又拉高了居民的收入水平和平均消费能力，推高了总体商业发展规模占GDP的比重。人力资本聚集对区域经济增长的促进路径可总结为“推一拉”机制。推，人力资本的聚集推动了区域内的创新能力、新型商业、重点企业和限额以上商业企业的发展，推高了总体商业发展规模占GDP的比重；拉，人力资本的聚集拉高了居民的收入水平和平均消费能力。

人力资本的流入和聚集，在地区内部会形成人才之间的激烈竞争，激烈的竞争往往带来行业和地区的进步。竞争的压力将促使人力资本的个体不断提升自身水平、增强竞争能力、提高工作效率与服务水平。个体人力资本的提高，反映到行业层面就是整个行业的水平提高，整个行业将越来越规范化、标准化，最终将带动整个地区经济竞争力提高。人力资本的聚集，会使当地形成巨大的知识储备，提高知识的更新速度，促进科技成果的转化和新知识的产生，进一步增强当地对其他地区人力资本的吸引力，促使已有的人力资本存量和产业集群不断扩大。大量的人力资本聚集，会带来各种理念、观念、方式、方法等碰撞，极易产生各种创新，这些创新将更好地驱动区域内经济的发展，推动区域内商业创新能力和新型商业的发展，提升该地区的比较竞争优势。人力资本聚集推动生产效率提高，生产效率提高可改善居民的收入和消费能力，这又进一步促进了地区经济竞争能力的提升。

当然，对一个地区而言，并非人力资本聚集越多越好，这必须从该地的发展阶段、产业结构、功能定位、城市规划和承载力等方面综合考量。如广州、深圳等地在改革开放初期，主要以发展劳动力密集型产业为主，因此人力资本的聚集主要以低人力资本的产业工人为主，随着地区产业的转型和升级，人力资本的聚集逐步的以高层次人力资本为主，低层次的人力资本逐步迁出。并且，人力资本的聚集并非总是对地区经济竞争力的增长有利，而是正负效益交替产生。人力资本的聚集带来了人才、知识和技术，促进了当地的技术进步和商业竞争力的提升，这是正向影响。受当地公共资源和承载力的制约，大量人口流入衍生出交通拥挤、上学难、看病难等城市病，也造成了物价、房价等生活要素价格的提高，这是负向影响。资源的稀缺，意味着激烈的竞争，激烈的竞争形成优胜劣汰，最终促进地区经济竞争力的提升。在地区内部，人力资本的聚集会以行业、专业为归口聚集到特定的区域，通过市场这只看不见的手对城市各区域的功能进行定位。人力资本聚集—城市进步—城市病—城市扩张与升级—人力资本聚集，人力资本聚集对地区经济竞争力的正负效益总是交替产生。

人力资本的流向往往是城市，特别是大城市，但城市人力资本聚集的层次也并非越高越好。城市是一个综合体，必须各行业、各层次的人力资本合理搭配才能顺畅运转。城市也需要从自身的经济发展水平出发，针对性吸引对应的人力资本，做到“量体裁衣”。从城市的经济发展水平与人力资本匹配的程度可以归纳为四种模式：高—高、高—低、低—高、低—低。（如图5-1所示）高—高型城市的商业竞争力强，同时生活要素的价格高昂，这类城市主要以高新产业为主，如北京、上海。高—低型城市的商业发展潜力大，如政策措施得力可在短期内聚集大量人力资本，后发优势明显，如20世纪80年代末期的深圳。低—高型城市的商业发展基础较好，但极易造成人力资本的外溢，必须注重留住人才并充分发挥人力资本的优势、提升城市竞争力，如现阶段的沈阳、长春。低—低型城市的商业发展最为困难，但可以避免发达城市走过的很多弯路，如能明确自身优势、找准定位、大力引进和培养人力资本，可加速发展，如贵阳、南宁。

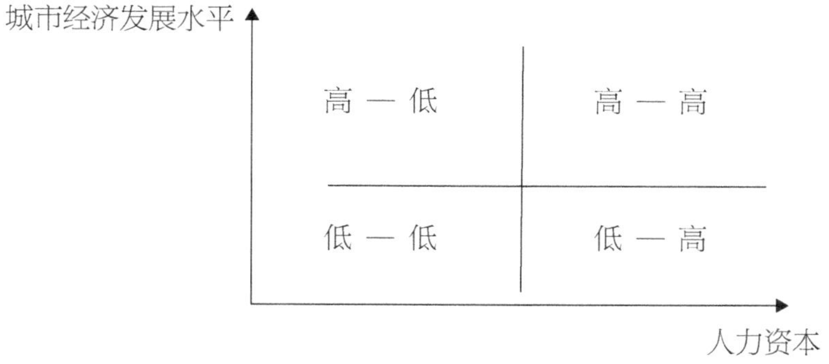

图5-1 城市经济发展水平与人力资本匹配的模式

六 我国人力资本聚集的措施

人力资本聚集对城市商业竞争力的影响巨大，并且可为正向影响，也可为负向影响。合理、有效地引导人力资本聚集以促进地区经济竞争力的提升，可以采用如下的措施。

1.人力资本的有效聚集

做好相关配套与服务，并确保执行。人力资本既是聚集地的建设者，也是聚集地的消费者。人力资本聚集涉及职业前景发展、家庭生活便利等多方面问题，是一个系统工程。尤其是对高层次的人力资本而言，聚集地良好的人文环境、生态环境、求学、就医、交通等主客观因素都是需要考虑的重要因素。地方政策的制定者不仅要出台有利于促进人力资本聚集的政策，相关软硬件配套服务也必须跟上。

充分运用大数据资源，实现人力资本的虚拟聚集。目前，互联网技术高速发展，大数据产业不断发展与完善。各城市可充分利用大数据资源，实现人力资本的虚拟聚集，如远程医疗、远程教育等。人力资本的虚拟聚集可实现优质资源整合，对超大型城市而言可避免人口持续增长，对欠发达的城市而言可避免人才引进难。

2. 人力资本聚集对区域经济竞争力的促进

明确区域的经济发展定位，确保人力资本与区域经济发展匹配。针对性制定人力资本聚集政策，避免人才引进的盲目性。各地区经济发展水平不同、产业结构不一，必须明确地区自身的产业发展定位，合理制定人才招揽政策。人力资本是可以流动的资本，只有地区产业发展与自身发展相契合，人力资本才能发挥最大效用。地区人力资本的聚集政策必须具备一定的前瞻性，但又不可脱离实际，否则必将造成人力资本流失。

合理规划城市的区域功能，充分发挥人力资本聚集的创新效能。人力资本主要是向城市聚集，城市应当事先明确城市内部各区域的专业、产业定位，引导相关专业、产业的人力资本合理聚集。类似或相关人力资本高度聚集将极大地促进技术的创新、商业模式的创新，充分发挥人力资本聚集效能，对地区经济竞争力的增强做出最大贡献。

七　本章小结

刘易斯、托达罗等人分别建立了经典的人力资本流动模型，我国改革开放以来的人力资本流动现象也可用各种理论加以解释。归根结底，人力资本的聚集主要是因为劳动力为了追求更高的收入而从低收入水平地区向高收入水平地区流动，主要还是由于工资追求方面的因素。人力资本的聚集除了追求更高的工资收入外，还追求更好的人文社会环境、发展机会等。人力资本的聚集既可以是主动聚集，也可以是被动聚集，这又受到宏观政策的影响。合理的人力资本聚集能够有效促进地区经济的发展，但过度的人力资本聚集会带来“城市病”等负面效应而阻碍地区经济发展。

【附】中国历史上著名的三大商业流通路径和一次人口迁移

商贸流通、战争战乱、不平衡的自然资源和国家政策都会引起人口的大规模流动，中国历史上战乱和自然灾害频发，每次大规模的战争或自然灾害，都带来了人口的大规模迁移。同时，由于地区之间经济发展水平、自然资源禀赋的不同，出于地区间商贸流通的目的，出现了若干固定的商业流通路径。

一、陆上丝绸之路

历史上的陆上丝绸之路是横贯亚非欧大陆的一条重要的贸易交通线，这条道路上，我国的丝绸、茶叶发往沿途各地。历史上我国输出的商品中，丝绸是最为典型的代表，因此，19世纪下半期，德国地理学家李希霍芬将这条重要的商贸路线命名为“丝绸之路”。

陆上丝绸之路的形成始于汉代张骞出使西域。公元前138年，汉武帝刘彻派遣使者张骞出使大月氏（古代中亚地区的一个游牧部族），欲联合大月氏共击匈奴，张骞从长安（今西安）出发，中途被匈奴俘虏，后逃脱，最终抵达大月氏。在回汉朝的途中，张骞改从南道返回，又被匈奴俘虏，后来张骞乘匈奴内乱，择机返回汉朝，向汉武帝详细报告了西域的情况。

张骞的出使路径后来逐步发展为一条连接亚非欧的重要文化交流路径、商贸流通路径。这条东西通路将中原、西域与阿拉伯、波斯湾紧密联系在一起，又继续向西伸展直达欧洲。

丝绸之路的大致路径为：长安经河西走廊、通往中亚、西亚，直到欧洲。丝绸之路一般可分为三段，每一段又可分为南线、北线和中线三条道路。

1. 东段

东段三线均从长安出发，到武威、张掖汇合，再沿河西走廊至敦煌。

南道：从凤翔、天水、陇西、临夏、乐都、西宁至张掖，路途漫长。

北道：从泾川、固原、靖远至武威，路线最短，但沿途缺水、补给不易。

中道：从泾川转往平凉、会宁、兰州至武威，距离和补给均适中。

公元10世纪，北宋政府为绕开西夏，开辟了从天水经青海至西域的“青海道”。此线成为宋以后新的商路。

2. 中段

中段从玉门关、阳关以西至葱岭，主要在古代西域境内。

南道（又称于阗道）：东起阳关，沿塔克拉玛干沙漠南缘，经若羌（鄯善）、和田（于阗）、莎车等至葱岭。

北道：起自安西（瓜州），经哈密（伊吾）、吉木萨尔（庭州）、伊宁（伊犁），直到碎叶。

中道：起自玉门关，沿塔克拉玛干沙漠北缘，经罗布泊（楼兰）、吐鲁番（车师、高昌）、焉耆（尉犁）、库车（龟兹）、阿克苏（姑墨）、喀什（疏勒）到费尔干纳盆地（大宛）。

3. 西段

西段从葱岭向西经中亚、西亚直到欧洲，其北中南三线分别与中段三线相接。其中，经里海到君士坦丁堡的路线在唐朝中期开辟。

南道：起自帕米尔山，可由克什米尔进入巴基斯坦和印度，也可从白沙瓦、喀布尔、马什哈德、巴格达、大马士革等前往欧洲。

北道：沿咸海、里海、黑海北岸，经碎叶、怛罗斯、阿斯特拉罕（伊蒂尔）等到伊斯坦布尔（君士坦丁堡）。

中线：自喀什起，经费尔干纳盆地、撒马尔罕、布哈拉等到马什哈德（伊朗），与南线汇合。

二、海上丝绸之路

海上丝路起于秦汉，兴于隋唐，盛于宋元，明初达到顶峰，到明中叶因海禁而衰落。海上丝路的重要起点为今广州、烟台、扬州、泉州等地。其中规模最大的港口是广州和泉州。广州从秦汉到唐宋都是中国最大的商港。

历代海上丝路亦可分三大航线：东洋航线从中国沿海各港至朝鲜、日本；南洋航线从中国沿海各港至东南亚诸国；西洋航线从中国沿海各港至南亚、阿拉伯和东非沿海诸国。

三、茶马古道

陆上丝绸之路位于中国北方，中国南方有另外一条著名的商贸路线——茶马古道。公元625年，唐朝与吐谷浑开通互市（互相开通商贸交易），又先后与吐蕃、回纥、突厥开展了以丝绸、茶叶交换马匹的互市交易，订立了互市地点，建立各种互市制度并安排专人管理。互市初期，唐朝主要对外输出丝绸、绢帛等以换回西域的战马和畜牧商品，这种贸易方式史称“绢马交易”。

在唐朝流行的丝绸、绢帛等奢侈品，对游牧民族而言实用性并不强，属于可有可无的附属品，但西域的战马和畜牧商品对中原王朝而言则属于战略资源。由于互市商品在重要性上的不对等，绢马交易给唐朝带来了贸易逆差的负担。为了扭转这种局面，唐朝后来用茶叶取代丝绸作为对外贸易的主要商品。由于唐以前曾源源不断地将中原地区茶叶、饮茶习俗、茶文化带入西域诸国，再加上西域饮食以牛羊肉为主，少蔬菜，用茶叶来消脂解腻成为一种不可或缺的选择，茶叶成了当时西域民族继小麦、青稞、盐，每日最不可或缺的食物。由此，“茶马互市”得以长久维持，茶马古道因此也延续了一千多年。清以后，茶马古道逐步退出历史舞台。

茶马古道因“以茶易马”得名，运输的主力为马帮，运输工具主要为骡马。茶马古道的路线有多条，分布在今云、贵、川、藏四省及自治区。茶马古道上一般采用分段运输的方式，以云南茶叶到西藏拉萨的路线为例：下关—丽江—德钦—扎义（竹贡）—崩打—鹿茸中

（或松板都）—江打（或吉令）—拉萨，共分为七段。

四、走西口

民歌《走西口》唱出的是一段特殊的历史。我国古代，为了抵御北方游牧民族的侵袭，各个朝代都注重以北方长城设立防卫要塞。“口”指长城沿线的各个关口，如张家口、喜峰口、杀虎口等，这些“口”是军事要塞，后来逐渐演变为兼顾商贸功能的场所。

“西口”最初指山西大同以西的杀虎口，后来指以归化城为中心的绥远地区。清以前，这里是蒙古游牧民的地盘。清以后，山西、陕西等地的汉民，来到此地佣耕、贸易和定居。

不同于“丝绸之路”和“茶马古道”是由商贸需要形成商业通道，“走西口”是山西、陕西和河北地区的灾民被迫进行的人口大规模迁移。走西口从明中期开始，到20世纪初结束，延续了四百多年。

走西口的路径。灾民从山西、陕西、河北一路北上，途经山西右玉县的“杀虎口”，一路到内蒙古和河北坝上地区。

走西口既是移民浪潮，所形成的路线也是一条商贸、文化交流路径。

第六章

人力资本的分类及测量

人们通常认为，学历越高，学识越好，获得高报酬岗位的机会越大。事实的确如此，不少企业招聘，特别是工作环境好、劳动报酬高的岗位，学历要求是硬指标。但近些年出现了一个明显趋势，即体力劳动者的工资水平得以快速提高，体力劳动者（特别是具备一定技术的体力劳动者）的社会地位不断提高。并且，技术工人中的佼佼者——高级技工，一直是所在领域的“香饽饽”。

2015年，中央电视台推出了8集系列节目《大国工匠》，讲述了“国宝级”技术工人的故事。这些技术工人没有高学历，均为一线钳工、焊工等，但他们在自己的工作岗位上做到了技术极致，成为所在领域不可或缺的人才。

如果按教育年限法测算这群“大国工匠”的人力资本水平，他们比不上接受过本科教育的劳动者，但采用技能法测算他们的人力资本水平，则明显高于本科学历的劳动者。测算方法不同，结果大相径庭。

一　内延式经济增长和外延式经济增长

经济学领域常用AK模型对经济增长进行计量分析。AK模型中经济增长的促进因素主要有三大类：技术进步、物质资本投入和人力资本。经济增长的方式又可以细分为：内延式经济增长和外延式经济增长。

内延式经济增长指投入的物质资本和劳动力的总量不变，通过技术进步、劳动力素质的提高或各类资本组合结构的优化产生的经济增长。假定其他条件不变，劳动力质量的变化引进的经济增长为人力资本理论研究的范畴。

外延式经济增长是相对于内延式经济增长而言的，指假设技术进步不变，生产函数的规模报酬不变，经济增长是由于物质资本数量和劳动力投入数量的增加而引起的模式。

舒尔茨认为人力资本的形成途径包括健康投入、“干中学”、教育和迁移，这意味着人力资本的测量必须包含这四个方面。但从人力资本提出至今，虽然统计学、计量经济学等学科不断发展，各种计量软件工具陆续出现和完善，计算机硬件技术也在不断发展，但还没有任何一种测量方法能够完整、全面地衡量人力资本的这四个方面。已有的人力资本分类和测算方法都是服从于各自的研究对象，研究对象或角度不同，人力资本的分类和测算方法也不尽相同。

要研究人力资本本身对经济增长的影响，首先要解决的问题是对人力资本的测量，然后才能将之代入生产函数。由于人力资本的性质，对人力资本的测量维度注定无法面面俱到，并且有些维度也难以计量。因此，对人力资本的测量方法很多，各有侧重点。综观现有的文献，对人力资本测算的主要角度包括：货币收益角度和非货币收益的角度；对人力资本个体的测量角度和群体测量的角度；人力资本投入成本的角度和人力资本存量或增量价值的角度；借鉴经营—产出方法计量人力资本的投入和产出等。现行主流的测算方法主要包括：历史成本法 、重置成本法 、机会成本法 、未来净产值折现法（包括未来工资报酬折现和调整的未来工资报酬折现）、教育存量法、技能详细记载法、绩效评估法、行为变数模型等。

二　人力资本的分类

从舒尔茨的人力资本定义来看，人力资本指附着在人身上的能力，个体的能力各有不同，也即个体的人力资本是存在差异的，丁虹栋在2003年首先提出了“异质性人力资本”概念。基于“异质性的人力资本”，已有的研究从不同角度对人力资本进行了不同分类（如表6-1所示）。

1. 宏观角度分类

这一类分法一般按照个体受教育年限的长短进行分类，教育年限较长的个体为较高的人力资本，教育年限较短的个体为较低的人力资本。陈晓迅

（2013）将人力资本按高低层次分为较高层级的技能型人力资本和较低层次的普通型人力资本两类。人力资本与经济增长之间的存在两种循环关系，即高效率的循环和低效率的循环。人力资本结构与产业的匹配度高，会形成高效率的循环，反之会形成低效率的循环。杨超（2013）将个体人力资本按教育年限的长短分为基础型人力资本、技能型人力资本和高层次人力资本。杨超将完成义务教育（含未完成）的劳动力人口视为基础型人力资本，将完成了中等教育（含高中、职业高中、中等技校等）的劳动力人口视为技能型人力资本，将完成了大专及以上教育的劳动力人口视为高层次人力资本，并分析了各层次的人力资本对经济增长的贡献。陈浩（2007）依据马斯洛需求层次理论并结合人力资本的投资，认为人力资本的投资顺序应当是：健康投资—教育投资—培训投资—迁移投资，与之对应的人力资本类型为基础人力资本、知识人力资本、技能人力资本和制度性人力资本。陈浩将上述各类人力资本的组合视为人力资本的结构，研究了人力资本结构与经济增长的关系。

2. 微观角度分类

从微观的角度出发的研究更多是从企业组织或企业价值的角度来分析人力资本。王佳楠（2015）按照企业资源配置的不同将人力资本分为三类：基本劳动力型人力资本，指仅具备基础知识的企业员工；经营管理型人力资本，包括人力资源管理者和企业的经营管理者；技术研发型人力资本，指企业内部的研发人员和技术人员。李忠民（1998）对人力资本的分类有独特的视角，他将人力资本分为四类：一般型人力资本、技能型人力资本、管理型人力资本和企业家型人力资本。李忠民的分类法兼顾宏观和微观角度。焦斌龙（2000）、冯子标（2001）、崔建华（2002）等人在丁虹栋“异质性人力资本”和“企业家人力资本”的界定下，进一步发展了“企业家人力资本”这一内涵。

3. 从“技能”及其他角度分类

除宏观、微观分类法外，部分教育经济学家试图以“技能”取代人力资本，进而进行测量。他们所提的“技能”是一个宽泛的概念，包括人的知识、特征和潜能。OECD的一份报告指出“一个国家在一定时间内所具备的技能总合，就构成了这个国家的人力资本”，部分研究者以此为依据，认为“技能”可以取代人力资本，同时对“技能”进行了种种分类。美国职业分类大典（Dictionary of Occupational Titles，DOT）将技能分为三类：与数据打交道的能力、与人打交道的能力和与具体事务打交道的能力。这三种能力分别对应的是认知能力、非认知能力和职业技术能力。（世界银行的劳动技能测试即采用这种分法）。其他研究者或机构对“技能”有不同的细分法，总结起来，它们的共同点是将技能分为通用技能和特殊技能。通用技能指劳动者应对日常生活和一般工作的通用能力。特殊技能指劳动者面对某一具体工作时的专门能力，而这一能力对其他种类的工作无效。

表6-1 人力资本的不同分类法

分类角度	分类依据	人力资本类型	研究者
宏观角度	教育年限	1.较高层级的技能型人力资本 2.较低层次的普通型人力资本	陈晓迅（2013）
		1.基础型人力资本：完成义务教育（含未完成）的劳动者 2.技能型人力资本：完成了中等教育（含高中、职业高中、中等技校等）的劳动者 3.高层次人力资本：完成了大专及以上教育的劳动者	杨超（2013）
微观角度	企业组织或企业价值的角度	1.基本劳动力型人力资本：仅具备基础知识量的企业员工 2.经营管理型人力资本：包括经人力资源管理者和企业的经营管理者 3.技术研发型人力资本：企业内部的研发人员和技术人员	王佳楠（2015）
		1.一般型人力资本 2.技能型人力资本 3.管理型人力资本 4.企业家型人力资本	李忠民（1998）

续表

分类角度	分类依据	人力资本类型	研究者
技能及其他角度	通用技能和特殊技能	1.与数据打交道的能力 2.与人打交道的能力 3.与具体事务打交道的能力	美国职业分类大典
		1.认知能力 2.交际能力 3.职业技术能力	世界银行（2010）
		1.基础技能 2.通用技能 3.职业技能	联合国教科文组织（2012）

三 人力资本的测量方法

人力资本的测量主要是测算人力资本的存量，主要测算方法有：成本法、收益法、教育年限法以及近年来发展起来的技能测算法（如表6-2所示）。

1. 成本法

成本法是从人力资本投资的角度出发进行测量，舒尔茨认为人力资本的投资来源于五个方面：卫生保健投入、在职培训、正规的学历教育、个人的成人教育和个人（家庭）迁移。他认为家庭的日常消费、耐用品的消费和生产部分的开支共同形成了个人（家庭）的人力资本投资，他用上述三类投资的支出计算人力资本。贝克尔在舒尔茨的基础上更进一步，在三个自变量之外加入了“机会成本”变量。

成本法的核心思想是，对个体劳动者的各种投资的总和决定了该个体的人力资本价值。成本法的基本假设是，个体劳动者获取知识和技能的多少取决于对该个体劳动者各类投资的多少（包括教育、培训、医疗卫生等的投资）。

另外一种成本测算的方法称为历史成本法。历史成本法是布鲁梅特、弗兰霍尔茨和帕利于1968年提出的，其基本思想是，人力资本价值等于为人力资本形成支出的一切费用的总和，是人从出生到丧失劳动能力期间接受教育、培训、迁移、医疗、卫生保健等花费的费用总和。具体包括人力资本载体为人力资本生产投入的教育费用、培训费用；人力资本载体为发挥和维持其价值发生的迁移费用，医疗、卫生保健费用；政府为各级学校、培训机构提供的公共教育支出和公共培训支出；企业为培训员工支出的培训费用；政府对公立医疗机构提供的各种资助和补贴等。该方法的优点是以历史数据为依据，根据实际支出记录人力资本投资，所提供的信息客观、准确、可靠，并使人力资本信息与其他资本信息具有可比性。缺点是对人力资本积累过程很重要的社会投入部分未予以考虑，无法反映人力资本的真实价值；而且人力资源投入对每个人是不同的，如果将每个员工视为同质，投入相同，显然不合理，如果区别对待，虽然符合历史成本原则，但并没有数据来源的真实原始凭证，仅是事后估计值，具有随意性。例如，培养一名机械工程师，有常规的培养方法和费用投入，有据可依，但是同样的过程，对不同潜质的人，其成本和效用不可能相同。随意性限制了历史成本法。

关于成本法的相关研究。肯德里克（1976）以舒尔茨等人的研究为基础，按成本法对人力资本进行测算时，将人力资本投资分为有形投资和无形投资两类，并考虑了人力资本的折旧。按照他的分法，个体从出生到14岁的生活成本支出为有形的投资，教育、健康卫生和培训等方面的支出为无形的投资。他的研究还发现教育和培训费用占人力资本投资成本中的大部分，并且这类成本随着个体年龄的增长而增加。后来的研究者艾斯纳（1985）在肯德里克成本测算方法的基础上加入了养育孩子时的非家庭支出部分，将科技投资中对儿童的研发支出也纳入了人力资本投资成本的计算范围中。

不管上述的研究者对人力资本投资的成本如何分类，归结起来，人力资本的成本包括生活成本、教育和培训费用、健康卫生支出以及在人力资本形成过程中对其的研发投入（如婴幼儿食品、疫苗研发等）。

国内众多研究者在测算人力资本时也时常采用成本法，区别在于对人力资本的分类不同或研究视角不同。沈利生、朱运法（1999）将我国的劳动力分行业，再对每个行业的劳动者按照对应教育层级分层，以各教育层级的平均教育支出乘以该行业各层级的从业人口并加总，即得到该行业的人力资本存量。再将各行业的人力资本存量加总，即得到全国劳动力的人力资本总量。张帆（2000）参考肯德里克的估算方法，对我国1953年至1995年的物质资本、无形非人力资本和人力资本存量进行了测算。侯风云（2005）、焦斌龙（2010）、乔红芳（2015）等人分别将人力资本投资中教育、培训、医疗卫生支出、“干中学”、人口迁移、科研及娱乐支出等因素都纳入研究范畴，并且从考虑人力资本折旧和不考虑人力资本折旧等不同角度分别测算了全国及各地区的人力资本。

总之，人力资本形成的投资是多方面的，并且有些投资易于测算，有些投资很难测算。因此，采用成本法测算人力资本，就算对于同一研究样本，而由于考虑的人力资本投资成分不同，测算出来的结果往往不大一致。

2. 收益法

收益法的主要原理是折现，就是将人力资本在未来的收益折算成现在的货币价值。采用收益法测算人力资本可用不同指标折现，包括对未来的工资进行折现、对未来的盈利进行折现等。收益法主要运用于企业，计算的依据基于企业的未来预期，企业运行稳定可以较为准确地测算人力资本价值。

收益法是基于人力资本未来收益的测量方法，即通过预测、估算将人力资本未来能够获得的全部收益折算成当期现值，以此来衡量人力资本的价值。

人力资本收益法的核心思想是，人力资本的价值等于未来预期收益的贴现值总和。基本假设为，劳动者个体人力资本价值决定了劳动者在现在及未来拥有的收益。

人力资本价值从其收益角度看就是：人力资本的货币价值等于人力资本投资带来的未来每年预期收益的现值总和。通过预计未来人力资源在企业服务期内的各年不同的价值产出，将其折现并求出合计值来确定其价值。这里的价值产出标准可能是工资奖金，也可能是利润总额，还可能是净资产，不同的标准会得出不同的结论。用收益来度量人力资本价值的方法看似更现实、更可行，但仍然存在问题。工资收入一般看作劳动力的补偿价值，劳动力与人力资本是完全不同的两个要素，完全将其作为人力资本的收益并不准确，而确定工资收入中哪些部分属于人力资本收益难度较大；人力资本能否作为要素参与企业剩余分配，理论界存在较大争议，且实际操作困难；单独肯定人力资源创造价值而无视物力资源的作用是不科学的，并且服务年限、产出值的大小、贴现率的高低均受人为因素影响，即使考虑人力资本占全部资本的比例，人力资本本身仍具有随意性。因此，以工资收入作为计量的主要依据仍是片面的。

关于收益法的相关研究。收益法在人力资本测算方面的应用较早，1690年佩蒂就采用收入法估算的英国的人力资本总存量和均量；法勒（1853）的研究也将劳动力毕生的预期收入贴现值视为人力资本。在收益法的贴现方法研究方面，达伯林和洛特卡（1930）、威斯布罗（1961）等人在考虑就业率、利率、人口存活率、年度收入等因素的基础上，分别设计了人力资本收入法的贴现公式。后来的格雷厄姆和韦伯（1979）在威斯布罗公式的基础上，还考虑了经济增长率、教育、影响收入的其他原因等。

约根森和弗劳梅尼（1992）在格雷厄姆和韦伯研究的基础上，形成了一套迄今最为系统的基于收益法的人力资本测算方法，简称J—F收入法。J—F收入法，对人力资本的测算同样采用劳动者的终身收入的贴现值，J—F法要求的数据繁多，计算过程也非常复杂，已成为国际上主流的人力资本测算法之一。

国内的研究者采用J—F法并不多。有学者对J—F法进行了简化或修正，如王德劲（2007）在运用J—F法对中国的人力资本进行测算时就没有考虑维持成本和就业率。

收益法的另一种思路是用生产函数推算收入，并从单位人力资本出发计算总人力资本。具体的思路是，将某类人力资本作为单位人力资本，然后将其他类别的劳动者的收入与作为单位人力资本的劳动者收入进行对比，得到的数值就是该劳动者的人力资本，如朱平芳、徐大丰（2007），罗值（2014）等人的研究。这种方法计算更为简便，应用的范围也更为广泛。

3. 教育年限法

由于人力资本形成的主要来源为正规的学历教育，受教育年限的长短直接影响人力资本的高低，因为数据获得方便，因此很多研究直接采用教育年限来衡量人力资本的存量水平，如贾德森（ 2002）、李福柱（2008）等人的研究。但受教育的时间长短也并不能完全反映个体人力资本的水平，因此为了更好区别不同教育层次的人力资本水平，学历指数法也广泛地运用于人力资本的测算。

教育年限法的核心思想是，劳动者个体的人力资本的价值与劳动者的受教育年限成正比。基本假设是，接受了同等教育年限的劳动者具备同样的人力资本，即不考虑劳动者的异质性。

教育年限法的优点在于测量较为简便。如按照我国的教育制度，义务教育为9年，高中（中职）教育为3年，大学教育（本科）为4年，那么测算个体人力资本可采用基数9、12、16分别对应三类受教育的劳动者；测量某一地区这三种类别的人力资本总存量则分别将基数9、12、16乘以对应类别的劳动力数量，可得到对应类别的人力资本总存量。教育年限法计算简单，结果不免粗糙、准确度较低，运用该方法进行地区之间人力资本的对比研究或简单研究地区内部的人力资本结构，具备一定的参考价值，但不适合对地区人力资本作精确测量。

4. 技能测算法

随着人力资本理论研究的不断深入，对人力资本的测算要求不断精细化、准确化，并且随着统计工具的改进和各类数据库的迅速丰富与完善，教育年限法、教育指数法等方法的局限性越来越凸显。第一，同等教育时长的个体由于外部环境和个体的差异，个体人力资本可能迥异；第二，正规的学历教育是一个静态概念，不能反映学历后教育；第三，“干中学”等形成的人力资本无法计算在内。针对上述缺陷，部分研究关注通过计算个体的技能水平来测算人力资本。世界银行将技能分为：认知能力、非认知能力和职业技术能力，个体劳动能力的高低取决于三类技能的综合运用。技能测算法是一种非常精细化的测算法，其测算指标目前没有完全统一。

认知能力的测量相对成熟，目前国际上比较典型的一个测试项目为国际学生评价项目（Programme for International Student Assessment，PISA），专门测试阅读、数学和科学等认知能力。非认知能力的测量较为困难，因为人的情绪、态度等因素既没法准确测量，也无法准确获取。近年来，随着心理学等学科的发展，很多研究采用“大五人格量表”（外倾性、情绪稳定性、开放性、随和性和尽责性）来测量非认知能力。

还有一类技能测算方法更为简洁明了，即直接用职业技能等级划分，如我国普遍采用的职业技能测试。我国对于很多职业都设计了完备的职业技能等级及相应的考核标准和方式，如钳工按照技能高低分为五个等级：初级（国家职业资格五级）、中级（国家职业资格四级）、高级（国家职业资格三级）、技师（国家职业资格二级）、高级技师（国家职业资格一级）。职业技能测试虽然不能全面反映劳动者个体的全部技能，但可测算出劳动者的核心技能，也基本上反映出了劳动者的人力资本水平。

表6-2　各类人力资本测量方法比较

测量方法	核心思想	基本假设	优点	缺点
成本法	对个体劳动者的各种投资的总和决定了该个体的人力资本价值	个体劳动者获取知识和技能的多少取决于对该个体劳动者各类投资的多少（包括教育、培训、医疗卫生等的投资）	测算相对准确	人力资本的投入成本众多，难于测算
收益法	人力资本的价值等于未来预期收益的贴现值总和	劳动者个体人力资本价值的多少决定了劳动者在现在及未来拥有的收益多少	测算相对准确	要求的数据繁多，计算过程复杂
教育年限法	劳动者个体的人力资本的价值与劳动者的受教育年限成正比	接受了同等教育年限的劳动者具备同样的人力资本，即不考虑劳动者的异质性。	计算简便	计算结果较为粗略，难以精确衡量

续表

测量方法	核心思想	基本假设	优点	缺点
技能测算法	人的能力包括认知能力、非认知能力和职业技术能力	–	认知能力和职业技术能力的测试较为精确	非认知能力难以测算

四 本章小结

人力资本理论发展至今，新的理论分支、新的研究点不断涌现，但回归到问题的本源，即对人力资本的测算，还没有一个方法能涵盖人力资本的所有维度。一方面是由于相关数据不完善，另一方面也是由于人力资本的某些维度难于计量。已有的文献对人力资本的分类很多，但都服务于各自的研究目的，对人力资本的测量也是如此。因此，对人力资本测算的各类方法不存在好坏之分，对测算方法的选择需要考虑的是要服从研究的对象和研究的角度。综观现有文献，如要从宏观角度研究人力资本或人力资本结构对经济增长的影响，对人力资本的测算宜采用教育年限法或学历指数法；如要从微观角度研究企业或家庭的人力资本，则可采用成本法、收益法或技能测算法。

第七章

人力资本的传递及机制

如果父母是成功的科学家或艺术家，他们的后代能不能也成为成功的科学家或艺术家？从既有事实看，有些后代实现了“子承父业”，但很多人并不能实现这一点，这实际上就是人力资本代际传递的问题。微观来看，人力资本的传递涉及家庭成员的智力、知识、技能等能力方面的传递；宏观来看，这涉及的国家和民族的文明传承。本章将阐述人力资本传递及传递机制。

一 人力资本能力的概念

在招聘过程中，雇主对准雇员的要求是什么？学历、年龄、专业、技术等级水平等都会在招聘简章中有明确要求，但这是否意味着应聘者只要满足相关条件就能顺利获得对应岗位？答案是否定的，雇主还会通过面试、测试等多种方式对应聘者进行考核。考核的目的主要是全面了解应聘者的能力，但能力是什么、包括什么，是很宽泛的问题。

人的能力很难全面测量，人的健康水平可以通过医学检测、体能测试等手段来较为准确地衡量，人的知识水平可以通过学历、技能等级水平近似衡量，但人的整体能力往往要依靠雇主或招聘者的经验和主观感觉等来评价。现有研究认为，人力资本的能力包括：认知能力和非认知能力。

传统的人力资本理论对人力资本的衡量仅着眼于认知能力方面，包括人的生产技能、阅读沟通能力、数学计算等方面，或者直接以个体的工资收入水平来衡量个体的人力资本水平。但认知能力仅是个体人力资本的一个方面，就连明瑟收入方程，以认知能力衡量的人力资本也只能解释个体收入差异的一小部分（格里希斯和梅森，1972）。人的其他能力，如开朗的性格、良好的合作能力、甚至漂亮的外貌都可以视为人力资本的一部分，这些都属于人力资本的非认知能力方面。

1. 人力资本的认知能力

认知能力的测量相对简单，现在的智力测试手段和方式都比较成熟，比如记忆能力测试、逻辑推理能力测试、各类数学考试等。认知能力的高低往往与个体的受教育程度高低有关，或者与在学校的考试成绩、校内表现等有关，所以有些研究或社会大众通常以个体的学历高低、学习成绩的好坏来衡量个人的认知能力水平。

学历高或成绩好，给人的感觉或信号往往就是能力强，这就涉及“信号理论”。按照信号理论的解释，雇主在招聘时对学历提出要求，实际上意味着：学历证书传递给雇主的信号是，该学历层次的人群具备从事这一岗位工作的能力。雇主在某种程度上认为，教育程度的高低与认知能力的大小呈正比例关系。

2. 认知能力的形成

认知能力的获得或培养，主要依靠教育，特别是正规的学历教育，并且义务教育阶段对认知能力的形成特别关键。另外，个体的家庭背景、社区环境、学校环境等外部因素都会影响个体认知能力的获得。认知能力的大小不仅影响个体最终的受教育程度、工作岗位的获取和工资水平的高低，还会影响个体对金融投资及后代教育投资的行为。

3. 人力资本的非认知能力

人的能力除了记忆力好、逻辑推理能力强等认知能力外，还包括语言表达能力、模仿能力、理解能力、表演能力等非认知能力，甚至有的研究还发现容貌与个体收入之间也存在一定的关系，如拥有同等技能水平的应聘者，外貌较好的应聘者往往会获得更多的岗位机会。非认知能力包含的范围比较广，包括：语言表达能力、模仿能力、理解能力、表演能力、合作能力、社交能力、个体性格等方面。

现有研究表明，个人的团队合作能力、沟通能力、交际能力、言行举止、情绪的控制能力、创新思维等都会对个人的职业生涯产生影响，特别是个人的责任心、性格是否开朗对个体的工资有显著影响。

随着行为经济学的发展，经济学的研究方法逐渐将社会学、心理学等学科的研究方法和成果吸收进来，这些新研究方法为非认知能力的分析和测量提供了方法和工具。如非认知能力中的个人特质方面，可以通过问卷的形式来调查和分析。以往难以量化的如个人表现、团队合作能力等方面，现在也可以量化研究。并且，随着大数据技术的发展和数据库的丰富，如罗森伯格自尊量表、罗特的控制点量表以及大五人格量表等测量方法现阶段甚至可以不用直接问卷调查，只需要通过相关的大数据分析即可得到对应的结论。

4. 非认知能力的形成

非认知能力的形成，同时受到内部的家庭环境和外部的社会环境的影响。内部的家庭环境因素包括家庭的收入、父母的职业，以及受教育的水平、家庭的文化氛围等。外部的社会环境因素包括社区环境、受教育环境等。同时，非认知能力还受到认知能力的影响，对儿童过多、过早地培养认知能力会阻碍儿童非认知能力的发展（王麒麟，2015）。

二 人力资本的传递

科学家的后代是否一定是科学家？艺术家的后代是否一定是艺术家？后代的能力是否能与父辈的能力相当？答案是否定的，甚至大科学家、大艺术家倾心培养的学生也不一定能完整地接受他们的知识和能力。这涉及人力资本的传递问题，人力资本的传递主要为代际传递。

1. 代际传递

要具体量化衡量人力资本的传递效率如何，后代对父辈的人力资本能力能接收多少，可行性不高。现有的一个比较简便的方法是测算“代际收入弹性”，也就是比较后代和父辈的收入。

但代际收入弹性的测算也面临着很多困难，如父母和子女的受教育程度不同、从事的职业不同、归属的行业不同等因素都影响代际收入弹性的计算。代际收入弹性的计算还受到两代人性别的影响，如部分女性可能家庭条件很好、也接受了很好的学历教育，然而从事工作的意愿较低，计算出来的代际收入弹性比较低，但这并不能说明她的人力资本水平低。

从收入群体看，现有的研究表明，中等收入水平的群体代际收入弹性较低、流动性比较强，高收入和低收入群体代际收入弹性较高。从国际间比较看，发展中国家的代际收入弹性高于发达国家的代际收入弹性，如发展中国家巴西的代际收入弹性在0.5以上，发达国家英国的代际收入弹性在0.3左右（尼科莱蒂与埃米希，2007）。

2. 人力资本传递的机制

父辈的人力资本是如何传递给下一代的？贝克尔（Becker）对人力资本的代际收入传递机制进行分析后得出了两点结论：其一，两代人之间的代际收入传递是通过父母对后代的人力资本的投资实现的；其二，后代的能力受到遗传的影响，有些能力是先天遗传获得的，如良好的健康水平等。

在人力资本的传递中，健康传递是直接的，后代的身体健康水平、是否存在先天缺陷，主要遗传自父母，特别是母亲。后代的个体行为、性格也在一定程度上遗传自父母。同时，母亲在怀孕期间的营养水平、获得的医疗保障服务等因素，对后代婴儿期的死亡率、成长期的身体素质水平、智商等都会产生影响。这些影响最终都会反映到后代成年期的工资收入水平上。

非认知能力也存在代与代之间的传递。后代在与父母相处的过程中，会复制父母的沟通方式、思考模式，这种模式会影响后代与他人的沟通交流以及对社会事务的观点、看法和处理方式。并且后代成年后，对自己子女的影响还会复制自己父辈对自己的影响，形成代际传递。

人力资本的代际传递，既有正面影响的传递，也有负面影响的传递。正面的影响，如良好的家庭关系会使后代体会到家庭的幸福感，有利于后代乐观态度、正确价值观的形成。负面的影响，如父母的反社会倾向、暴力倾向、情绪的不稳定等特征，在后代身上也往往会有所体现，父母消极的人格、教养方式的错误也均会对子女的性格产生负面影响。

人力资本的代际传导机制受到三个方面的影响：一是家庭的影响，家庭成员之间的关系、父母教育水平、父母健康水平和性格等都会对后代的人力资本产生影响；二是政府的公共投资会影响人力资本的传递；三是社会因素的影响。

（1）家庭影响方面

父母是孩子最早的老师，也是陪伴孩子时间最长的老师，后代性格的形成、思维行动模式、生活方式等都受到父母的强烈影响，这一观点被学术界和社会大众广为接受和应用。所以，人们常说“父母的正确陪伴是孩子最好的教育！”

家庭对人力资本传递的影响，还体现在父母对后代的人力资本投资上。

第一，父代对子女人力资本的投资受到父代教育投资观点的影响。父代由于自身接受的教育程度不同和所处的收入群体不同，对后代教育投资的观点会有所不同。子女的教育是一个长期持续、不间断的过程，如我国学历教育的安排，从义务教育到大学本科毕业需要不间断地进行16年的教育投入（加上幼儿教育则为19年）。长期的教育投入还面临教育收益的不可预测性，即父母对子女进行教育投入的同时并不能预知子女将来会获得什么样的工资等方面的收入。因此，对后代的教育投资很大程度上就取决于父代的教育观点和教育决策。父母的受教育程度越高，越倾向于在教育方面对子女投资。受教育程度不高的父母，对子女的教育决策容易受到外界环境的影响并随波逐流，如周边的同龄人或收入水平相近的人重视对子女教育投资，他们也会重视；反之，则不重视。在缺乏参照对象时，受教育程度不高的父母还会以自身经历作为参照对子女教育投资做决策。这也解释了，知识分子家庭的后代往往是知识分子，而农民工往往出自农民工家庭。

第二，父代的收入水平会对子女的教育投资产生约束。不同收入水平的家庭，对子女教育投资的能力是不同的。从2003年开始，我国义务教育阶段全面免费，并且随着国家财政实力的增强，书本费、杂费等逐步取消。目前，幼儿教育、高中教育、职业教育和高等教育都还需要家庭承担相应的费用。虽然，近十多年来国家通过各类资助、奖（助）学金和教育贷款等不同方式减免了低收入家庭的教育负担，但依然存在部分困难家庭就学困难或继续求学意愿不强的现象。这是正规学历教育上各类家庭教育投资的区别，在校外培训、兴趣班等非学历教育方面的投入，不同收入的家庭体现出来的差距更加巨大。这也解释了为什么一般大城市的学生相较于小城市（特别是乡村）的学生在英语、音乐、舞蹈等方面显得水平更高，在语言表达能力、知识的开阔性等方面也显得更具优势。背后的深层原因除了城乡教育资源配置不均外，最主要的是城乡家庭收入的不均等。

（2）政府的公共投入方面

教育投入的来源有三个方面：政府、家庭（个人）和社会组织，其中政府是最大的投入主体，政府的公共教育投入会对人力资本、代际收入产生直接影响。政府公共教育投入水平的高低，决定了教育的规模、教育的硬件设施、教师队伍的规模和质量等，同时也会影响家庭教育投入的负担。

社会福利较好的国家，如北欧的丹麦、挪威等国，政府对教育投入力度大，免费公共教育基本覆盖了从幼儿教育到高等教育全过程，居民个人或家庭的教育支出负担较小，整体国民受教育程度非常高。从我国的情况看，城乡居民的整体教育水平在近二十年来得到了显著提升。

从1999年开始，我国高校本科、专科教育进行了大规模扩招，并持续多年，随高校扩招而来的是本科生数量增大和就业压力加大，这些因素也导致了研究生招生规模的扩大，如按照教育部和原国家计划委员会的安排，2003年我国研究生的招生规模为26.7万人（含硕士和博士研究生），2018年我国研究生的招生规模已达85.8万人（含硕士和博士研究生），是2003年的3.2倍。高等教育层层扩招，从系统层面上提升了我国国民的整体教育水平。

从2003年开始，我国提供免费的义务教育，但其他教育层面还需要家庭或个体负担一部分教育成本。近年来，我国通过对接受职业教育、高等教育的学生通过财政减免、补贴、奖（助）学金、低息贷款等多种手段和方式进行扶持和帮助，大大减轻了家庭的教育负担。2005年，财政部、教育部出台了《国家助学奖学金管理办法》。2013年，我国提出了“精准扶贫”思想。教育精准扶贫作为“五个一批”中重要的一环，引起了各级政府的高度重视，对教育扶贫的力度空前加大。另外，从历史数据看，我国的工资、物价水平近二十年来发生了很大变化，但高等教育的学费、住宿费等并未出现大幅上涨，例如，2000年我国高校的住宿费一般为每人每年600~1200元，至今这一标准没有多大变化。这从另外一个方面说明了教育成本对家庭或个人而言实际上是下降的。或者说，我国的教育成本，政府支出的比重在提升，家庭或个人支出的比重在降低。

政府公共教育财政投入的增加，一方面加大了教育机构的供给数量和规模，使更多的年轻群体能接受更多、更广的教育服务；另一方面，政府公共教育财政投入的持续增加也减轻了家庭或个体的教育负担，为贫困家庭学生接受更多、更长时间的教育提供了帮助。政府的公共教育投入是整个社会人力资本传递的重要因素。

（3）社会因素的影响

对子女代际传递有影响的社会因素，包括父代的社交群体和父代从事的职业及所处的职位。

父代收入水平不同，社交群体圈层也不相同，父代收入越高，能够积累的社会资源也更多，获得各方面与子女教育、就业有关的信息也就越多、越容易，并在子女求学、就业过程中可提供更多帮助。高收入父代的子女相对容易进入高收入群体。这些情况，从某种程度上反映了收入的代际传递。

父代与子女的职业也存在代际传递效应。郭丛斌、丁小浩（2005）等人研究发现，我国的劳动力市场存在严重的行业分割，父代的职业与子女的职业是存在代际传递的。中华人民共和国成立至1978年，中国处于计划经济时代，当时农民的后代继续当农民、工人的后代继续当工人成为固有的劳动力市场模式。这一时期，父代对子女的职业代际效用最为显著。改革开放后，特别是1999年高校开始大规模扩招，年轻个体接受高等教育的机会不断增多，父代对子女的职业代际传递效应的显著性不断降低。地区经济发展水平的不同对代际收入传递的影响也不同。东部地区经济发展水平较高，父代对子女代际传递的职业因素影响较低；西部地区父代的职业因素对子女的代际收入影响较为显著。这也说明一个规律：市场发达程度越高，代际收入传递的影响就越不明显，反之影响就越显著。

三 本章小结

人力资本能力包括认知能力和非认知能力。认知能力包括记忆能力、逻辑推理能力等，往往与个体的教育程度高低有关。非认知能力包括语言表达能力、模仿能力、理解能力、表演能力、合作能力、社交能力、个体性格等，这些能力的形成与家庭环境和社会环境有关。总结起来，人力资本能力的形成包括代际传递和非代际传递两大途径，非代际传递又受到家庭、政府公共投入和社会三类因素的影响。

第八章

人力资本及其结构对经济增长影响的理论分析

人们普遍会有这样一个认识，一个地区人口越多，或者说人力资本越高，那么这一地区的经济增长一定越快，但我们马上可以举出两个反面的案例。案例之一，印度总人口超过13亿，但经济依然问题重重；案例之二，苏联解体后，俄罗斯继承了苏联的大部分遗产，同时俄罗斯居民普遍受教育程度远高于世界绝大多数国家，但20世纪90年代俄罗斯经济却举步维艰。究其原因，一定会牵扯人力资本及人力资本的结构问题，人力资本及其结构都需要与物质资本及其他要素相匹配。

一 经济增长过程中的人力资本结构问题

人力资本理论的产生与繁荣是经济增长理论的一大重要进步，研究人力资本的学者也在这一领域运用不同的方法，从不同的角度进行了各种研究。然而，从跨国的实证研究中，学者发现了以下的几个典型事实，这也是研究人力资本的学者经常列举的案例。

案例一：第二次世界大战结束后，德国分裂为东德和西德两部分，战后重建初期，东德和西德都是一片废墟，物质基础相当，并且战后东德和西德都非常重视教育与科技事业（即十分注重人力资本的培养），但是随后的数十年间，东德的经济发展水平却远远不及西德。如不考虑政治体制的因素，仅考虑物质资本、人力资本和技术进步的因素，东西德的物质资本存量、技术进步都相当。人力资本的存量：科学家和工程师每百万人，东德为7819人，西德为2882人；技师东德为4149人，西德为1966人，东德分别是西德的2.71倍和2.11倍，明显出乎人们的意料。学者深入研究后发现：尽管东德的人力资本存量水平高于西德，但是东德的人力资本内部结构不合理，并没有充分发挥人力资本的作用，造成了人力资本的浪费。

案例二：20世纪60年代初期，日本、韩国和菲律宾三个国家的人口、入学率等多个重要社会经济指标都很相似，但在人均GDP方面，菲律宾和韩国却分别只有日本的1/2和1/3。随后的20年，日本与韩国的经济增长速度相当，都远远快于菲律宾。究其原因，戈麦斯和大卫（2003）研究发现，20世纪60年代，虽然日本、韩国和菲律宾三个国家许多方面都相似，但三个国家的人力资本结构却有很大不同，日本的工人技能最成熟，并且工人的年龄结构分布合理，菲律宾的人口结构中年轻人占比最高，整个国民人口的年龄分布高度偏离。实践证明，缺乏超前性的人力资本结构调整是经济发展最主要的障碍之一。

上述两个案例表明，人力资本对经济增长的影响，不仅与人力资本的存量有关，更与人力资本的内部结构是否合理高度相关。所以，人力资本的提高不仅意味着提高人力资本存量，还必须要优化人力资本结构。人力资本是经济增长的一个重要因素，而人力资本的投资主体，无论是政府还是家庭（个人）对人力资本的投入总是有限度的，所以细致深入地研究人力资本结构和经济增长对其的需求，可以合理安排对人力资本的投入，使对人力资本的投资更有效率。

二　人力资本结构的内涵和界定

对“人力资本结构”这一概念，目前并没有一个统一、明确的定义，大多数研究都将人力资本结构界定为，一个地区或国家内的各类人力资本的组合。由于研究的侧重点不同，人力资本的分类标准也不相同，相应对人力资本结构的定义也就不同。

舒尔茨提出人力资本这一概念，但并未对人力资本进行直接分类，不过他在1975年曾区分了五类具有经济价值的人类能力，即个体进行学习的能力、个体对有意义工作的完成能力、个体的文娱活动能力、个体的创造力和个体对非均衡的应付能力。舒尔茨将这五类活动能力作为对人力资本层次划分的标准。

卢卡斯（1990）在舒尔茨研究的基础上，结合索洛提出的技术进步概念，将人力资本分为两类：纯体力的原始劳动和需要劳动者具备一定技能的“专业化人力资本”，并且认为只有后者才能促进经济增长。克鲁格曼与霍夫曼（1991）将劳动力分成两类：熟练劳动力和非熟练劳动力。他们的理论模型表明，一个国家的经济增长和知识存量增加的快慢与其拥有的熟练劳动力的多少高度相关。罗默（1992）提出的两部门增长模型中，没有明确提出对人力资本进行分类，但提出模型中的两个部门是一般物资资料生产部门和研究开发部门，人力资本在这两个部门间按一定比例进行分配，这实质上暗含地将人力资本分为一般人力资本和研发人力资本两类。

对人力资本分类，国内学者也进行了相关研究，李建民（1999）按照人力资本形成途径的不同，将人力资本分为四类，即教育形成的人力资本、技术与知识进步形成的人力资本、健康投入形成的人力资本，以及人口迁移形成的人力资本。陈浩（2007）从人力资本投资结构的角度出发，结合马斯洛的需求层次理论，认为人们根据自身需求的不同，对人力资本的投资从低到高有四种，即对健康的投资、对教育的投资、对培训的投资和对迁移的投资，并以此对应形成四种人力资本，即基础人力资本、知识人力资本、技能人力资本和制度人力资本。陈浩的实证研究还表明，人力资本结构的不同相比人力资本存量的不同，更能解释我国沿海发达地区与内陆地区经济增长速度的不同。丁栋虹（1999）仅将人力资本分为两类，即同质型的人力资本与异质型的人力资本，他对人力资本的分类标准是生产力状态的不同。在一定的发展阶段，边际报酬递减的人力资本为同质型人力资本，边际报酬递增的人力资本为异质性人力资本。按社会分工的不同，胡静林（2001）将人力资本划分为一般型人力资本、专业技术型人力资本、管理型人力资本、研究与开发型人力资本，以及决策型人力资本。王金营（2001）将人力资本分为教育人力资本与非教育人力资本两类。同时，他还以正规的学历教育作为衡量标准，将接受过高中及以上教育的人力资本作为专业型人力资本，将仅接受过初中及以下教育的人力资本作为普通型人力资本，并将其代入生产函数模型，对我国1978年至1998年的相关数据进行了回归分析，结果表明，专业型的人力资本比普通型的人力资本对经济增长的促进作用更为明显。张一力（2005）把人力资本分为一般性人力资本、专业性人力资本和企业家人力资本，并将一个地区或国家内的这几种人力资本的组合视为人力资本结构。

尽管人力资本类型的划分多种多样，但要将其代入生产函数进行实证分析，在人力资本的度量上存在很大困难。丁栋虹（1999）提出“异质型人力资本”这一概念后，刘智勇和胡永远（2005）、陈秀山和张若（2006），以及刘传江和董延芳（2007）等就以劳动人口受教育年限长短为标准划分异质型与同质型人力资本，并分别采用不同的研究方法，分析了我国异质型人力资本、同质型人力资本与经济增长及技术创新的关系。胡永远（2004）将人力资本划分为三个层次，完成初中和小学教育的就业人口定义为一般型人力资本；完成中等教育（含中专、高中、职高）和成人高等教育的就业人口定义为技能型人力资本；完成普通高等教育的就业人口定义为创新型人力资本。对我国1978年至1998年的数据进行计量分析表明，一般型人力资本与技能型人力资本对我国经济增长的贡献有减弱的趋势，创新型人力资本对我国经济增长的贡献不断增大。

本章借鉴上述研究对人力资本分类，再根据各类人力资本的工作性质，将我国的人力资本为三类：即基础型人力资本、技能型人力资本和专业型人力资本。为了度量方便，再结合我国的教育制度和不同层次教育人口对应的一般就业选择，本章将我国就业人口中拥有大专及以上学历的人口定义为专业型人力资本；只完成义务教育（包括未完成）的人口定义为基础型人力资本；其余（包括高中、职高、中职等学历的人口）定义为技能型人力资本。

由于各类研究对人力资本分类不同，人力资本结构的界定也不尽相同。典型的有三类。

第一类，以杨建芳、余长林为代表，按照人力资本的形成途径分类，将人力资本结构视为健康人力资本和教育人力资本的组合。

第二类，以张一力（2005）、王成新（2006）、陈剑（2006）和孙晓鸥（2006）等人为代表，按照人力资本能力的不同将人力资本分为一般型人力资本、专业型人力资本和企业家人力资本，并将人力资本结构将界定为一个地区或国家内的这几种人力资本的组合。由于专业型人力资本和企业家人力资本很难被替代，一般型人力资本却很容易被专业型人力资本和企业家人力资本替代，所以在不考虑一般型人力资本的基础上，根据区域内专业型人力资本和企业家人力资本存量，建立了如图8-1所示的人力资本结构模型。

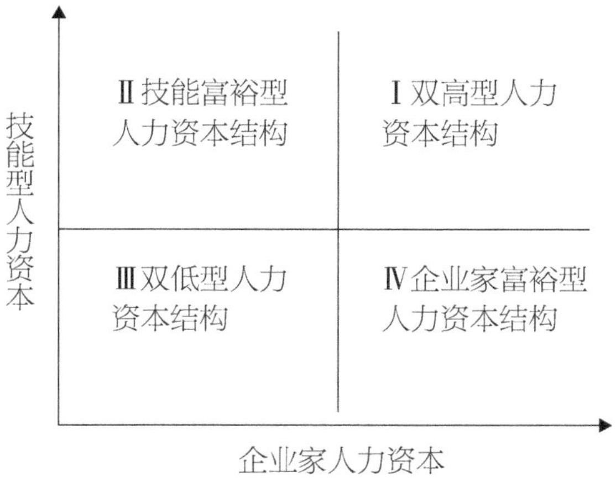

图8-1　人力资本结构模型

人力资本结构分为四种模式。Ⅰ型为双高型人力资本结构（第一象限），这种模式下企业家人力资本和技能型人力资本都比较充裕，对经济增长的促进作用最显著，是一种理想的模型；Ⅱ型为技能富裕型人力资本结构（第二象限），这种模式下有充裕的技能型人力资本但缺乏企业家人力资本，即有充分的资源转换能力却缺乏资源配置的能力；Ⅲ型为双低型人力资本结构（第三象限），这种模式下既缺乏技能型人力资本又缺乏企业家人力资本，即资源的配置能力和转换能力都不强，为最差的人力资本结构；Ⅳ型为企业家富裕型人力资本结构（第四象限），这种模式下有充裕的企业家人力资本但缺乏技能型人力资本，即有资源配置能力却缺乏资源转换能力。这类研究可以视作郭继强将人力资本划分为资源转换型人力资本和资源配置型人力资本后的深入研究。

第三类，以王金营（2001）、胡永远（2004）等人为代表，以教育年限为衡量标准将人力资本分为几类，各类人力资本的组合为人力资本结构。

本章对现有的各类文献关于人力资本结构的定义进行了归纳分类，几类典型的定义如表8-1所示。

表8-1　人力资本结构的各种定义

代表人物	人力结构	指标	模型
郭继强（2005）	资源配置型人力资本和资源转换型人力资本的组合	–	MEW模型
杨建芳 龚六堂（2006）	教育人力资本和健康人力资本组合	教育人力资本：初中及以上受教育程度的人口比例 健康人力资本：总人口死亡率的倒数	Solow模型，两部门的内生增长模型
陈浩（2007）	基础型、知识型、技能型和制度型人力资本组合	–	以C—D生产函数为基础将四种人力资本作为生产要素逐步引入
张一力（2005）	一般性、专业性和企业家人力资本的组合	–	–
刘智勇 胡永远（2005）陈秀山 张若（2006）	异质型人力资本与同质性人力资本的组合	以接受教育年限的长短来划分	–
胡永远（2004）	一般型、技能型和创新型人力资本组合	一般型人力资本：完成义务教育的人口 技能型人力资本：完成中等教育的人口 创新型人力资本：完成高等教育的人口	–

上述研究的一个共同点是都将各类人力资本的组合视为人力资本结构。通过前文对人力资本的分类梳理，再结合各类研究对人力资本结构的界定，本章视一个国家或地区内三类人力资本的总和为总的人力资本，三类人力资本占总人力资本的比重为该地区的人力资本结构（与斯皮罗斯、雷蒙德等人思想类似）。

三　人力资本结构对经济增长的影响机制

郭继强（2005）通过人力资本的投资结构与经济增长的关系的研究，总结出两者产出作用的路径：人力资本投资—人力资本增量—人力资本结构—产业结构—经济增长。实际上这一总结并不完全准确，人力资本包括人力资本存量和人力资本增量两部分，人力资本投资、人力资本增量、人力资本存量与经济增长关系的完整路径应如图8-2所示。

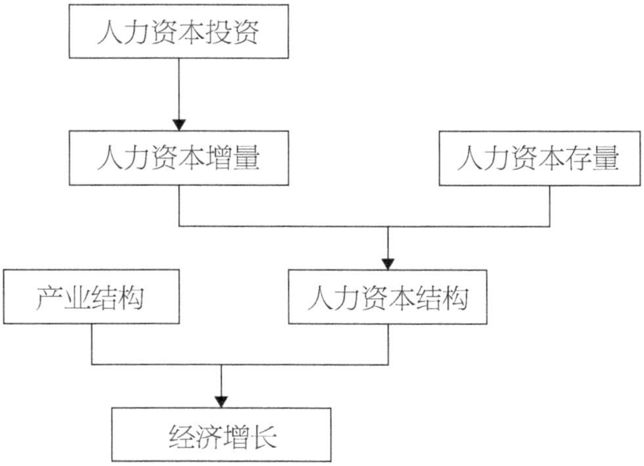

图8-2　人力资本与经济增长关系的完整路径

人力资本理论早期的实证研究认为，促进经济增长的是人力资本存量而非人力资本增量，如本哈鲍比和斯皮格尔（1994）等的研究。后来的实证研究发现，人力资本的增量与初始的人力资本存量都与经济增长相关，如克鲁格和林达尔（2001），杨建芳、龚六堂和张庆华（2005）等人的研究。因此，人力资本投资形成的人力资本增量与初始的人力资本存量共同构成人力资本结构，再与产业结构相匹配才能形成最终的生产力。

研究一个国家或地区的人力资本结构，归根结底就是要考察这一国家或地区的人力资本结构在现有的物质资本条件下是否合理，对这一问题目前大致有两种研究方法。

第一种研究是将“人力资本结构系数”这一指标代入生产函数进行分析。人力资本的结构系数指标主要如下几个。其一，教育标准差和变异系数，教育标准差反应的是人口受教育的差异程度，拉姆（1990）通过测算教育标准差，发现教育不平等与平均受教育年限两者之间的关系存在库兹涅茨曲线；教育变异系数是教育标准差的改进形式。其二，教育基尼系数，类似于收入基尼系数，汪戎、李亚玲（2006）利用我国29个省市自治区的数据，计算了我国三大地区的教育基尼系数，发现三大地区的教育基尼系数差异较大，导致了地区间经济增长水平的差异。其三，教育广义熵系数（Generalized Entropy indices），也称GE系数，原用于研究收入差距、地区间经济等问题，现被学者们引入教育领域测算教育的不平等程度。托马斯，王和范（2002）测算了140个国家的教育泰尔系数，指出在衡量教育的不平等程度方面，泰尔系数是与基尼系数同样优良的指标。

第二种研究是分别计算各类人力资本的存量并将之代入生产函数来考察，如杨建芳（2006）、陈浩（2007）等的研究。

测算人力资本的结构系数，分析其与经济增长的关系，一方面可以认识人力资本的不平等程度，另一方面可以反映现有的人力资本结构是否合理，但对如何优化人力资本结构并不能指出明确的方向。一个地区的人力资本结构不会短时间发生明显变化，所以直接研究现有的各类人力资本与经济增长的关系，可以更准确判断人力资本结构优化的方向。

四　人力资本结构与经济增长的理论分析框架

人力资本的测量主要有五个维度：教育、健康、培训、“干中学”和迁移，如将这些因素全部考虑且代入生产函数，计算将会非常复杂，并且有些指标（如培训、“干中学”）也无法量化。所以本章在讨论人力资本总存量与经济增长的关系时，测量教育和健康两个维度；讨论人力资本的结构时，只考虑教育这一个维度。

本章将人力资本分为三类：基础型人力资本H_1，技能型人力资本H_2，专业型人力资本H_3，并将一个地区内这三类人力资本的组合视为人力资本结构。

罗默的两部门增长模型中假定一个独立的经济体系中只包含两个部门：从事产品生产的生产部门与从事研发的研发部门。所有的人力资本的分配都只在这两个部门之间进行，分配的比例为：从事产品生产的人力资本占总人力资本的$1-\lambda_H$，从事研发部门的人力资本为λ_H；全部物质资本和劳动都由产品生产部门使用，研发部门不占用物质资本和劳动，全部技术存量均由两个部门使用。

产品部门的生产函数：

$$Y=(AL)^{\alpha}K^{\beta}[(1-\lambda_H)H]^{1-\alpha-\beta} \tag{8-1}$$

式（8-1）中，Y为产出水平，A为技术水平，K为物质资本，H为总人力资本，L为劳动力，劳动增长率n外生给定，$0<\alpha，\beta<1$且$\alpha+\beta<1$。

式（8-1）可变形为：

$$Y=(AL)^{\alpha}K^{1-\alpha}[\frac{(1-\lambda_H)H}{K}]^{1-\alpha-\beta} \tag{8-2}$$

令$T=\frac{(1-\lambda_H)H}{K}$，则式（8-2）可变为：

$$Y=(AL)^{\alpha}K^{1-\alpha}T^{1-\alpha-\beta} \tag{8-3}$$

对式（8-3）求T的偏导数：

$$\frac{d_Y}{d_T}=(1-\alpha-\beta)(AL)^{\alpha}K^{1-\alpha}T^{1-\alpha-\beta} \tag{8-4}$$

因为$0<\alpha$，$\beta<1$，并且$0<\alpha+\beta<1$，所以：

$$\frac{d_Y}{d_T}>0 \tag{8-5}$$

对式（8-4）继续求T的二阶偏导：

$$\frac{d_Y^2}{d_T^2}=-(\alpha+\beta)(1-\alpha-\beta)(AL)^{\alpha}K^{1-\alpha}T^{1-\alpha-\beta}<0 \tag{8-6}$$

由式（8-5）和式（8-6）可知，产品部门的生产函数是一个拟凸的增函数，存在一个极值，即Y有最大值。它们之间的关系可用图8-3来表示。

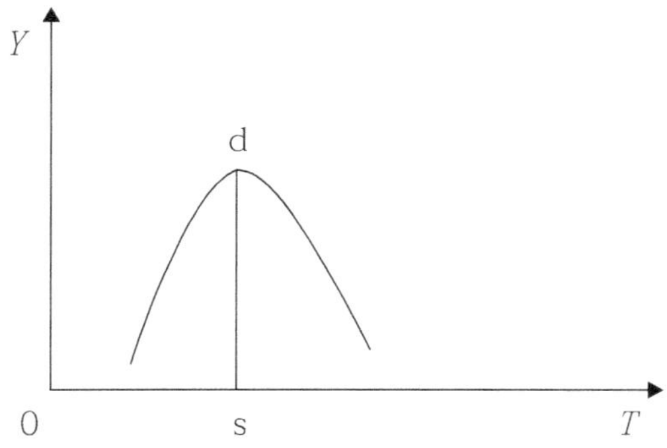

图8-3　生产部门的人力资本与物质资本的比例与经济增长的关系

注：$T=\frac{(1-\lambda_H)H}{K}$，为生产部门中投入的总人力资本与物质资本的比例关系

从上述的推导，可得出结论：人力资本与物质资本存在一定的替代关系，但在人口增长、技术进步率外生给定的条件下，人力资本的比例并非越高越好。在人力资本水平较低的情况下，增加人力资本，提高人力资本的比例可有效促进经济更快增长，这时人力资本的边际效应是递增的；但达到一定的比例后，这种比例的增加反而会阻碍经济的增长，人力资本与物质资本的替代效应边际递减。所以，在一个地区物质资本一定的情况下，一味依靠提高人力资本水平来促进经济增长的做法并不可取，有可能会造成人力资本的浪费。

上述分析的是人力资本的水平效应，为了分析人力资本的结构效应，本文在前述约束的基础上再假定人力资本的总存量H不变。

令$\phi = \dfrac{H_3}{H}$，$\varphi = \dfrac{H_2}{H}$　（8-7）

式（8-7）中，ϕ代表专业型的人力资本H_3占总人力资本存量H的比重，φ代表技能型人力资本H_2占总人力资本H的比重，ϕ和φ代表了人力资本的结构；本章采用C—D生产函数的形式：

$$Y = AK^{\alpha}H^{\beta} \quad (8\text{-}8)$$

其中，技术进步A并不是一个恒定不变的常数，它受初始的技术积累和人力资本的影响，主要是技能型人力资本和专业型人力资本的影响：

$$A(t) = BH_2^{\eta}H_3^{\gamma}A(0) \quad (8\text{-}9)$$

其中，B为转换参数，A(0)为初始的技术积累，η为技能型人力资本H_2对技术进步的贡献率，γ为专业型人力资本H_3对技术进步的产出贡献率，其中$0 \leq \eta$，$\gamma < 1$，将式（8-9）代入式（8-8），得：

$$Y = BH_2^{\eta}H_3^{\gamma}A(0)K^{\alpha}H^{\beta} \tag{8-10}$$

将式（8-7）代入式（8-10），得：

$$Y = BA(0)(\varphi H)^{\eta}(\phi H)^{\gamma}K^{\alpha}H^{\beta} \tag{8-11}$$

式（8-11）变形得：

$$Y = BA(0)\varphi^{\eta}\phi^{\gamma}K^{\alpha}H^{\beta+\gamma+\eta} \tag{8-12}$$

从式（8-12）可以看出，人力资本的结构 ϕ、φ 和人力资本对技术进步的贡献率对经济增长都有影响，换句话说，一个地区的经济增长除了与该地区的物质资本、技术水平和人力资本的水平有关外，还与该人力资本存量的结构和人力资本对技术的贡献率有关。再对式（8-12）求 ϕ 一阶偏导，得：

$$\frac{d_{\gamma}}{d_{\phi}} = B\gamma A(0)\varphi^{\eta}\phi^{\gamma-1}K^{\alpha}H^{\beta+\gamma+\eta} \tag{8-13}$$

因为 $0 \leqslant \gamma$，$B < 1$，所以 $\frac{d_{\gamma}}{d_{\phi}} > 0$，式（8-12）是递增的函数，对式（8-13）继续求 ϕ 二阶偏导，得：

$$\frac{d_Y^2}{d_{\phi}^2} = B\gamma(\gamma-1)A(0)\varphi^{\eta}\phi^{\gamma-2}K^{\alpha}H^{\beta+\gamma+\eta} \tag{8-14}$$

由于 $0 < \gamma < 1$，$\gamma - 1 < 0$，所以 $\frac{d_Y^2}{d_{\phi}^2} < 0$，式（8-14）是拟凸的函数，存在最大值。由式（8-12）、式（8-13）和式（8-14）可知专业型的人力资本 H_3 占总人力资本存量H的比重为 ϕ，在物质资本K和总人力资本存量H一定，并且 ϕ 的初始值较低的情况下，ϕ 的增加可以促进经济增长率，当达到一定比例的时候，ϕ 的继续增加反而会阻碍经济增长。同理，对于技能型人力资本

的比重 φ 也可以得出同样的结论。换句话说，在物质资本K、人力资本总存量H一定的情况下，要达到经济增长的最高效率，人力资本内部的基础型人力资本、技能型人力资本和专业型人力资本必须要保持合理的比例，也就是要使人力资本的结构处在最优状态。

五　本章小结

从20世纪60年代舒尔茨、贝克尔等人对人力资本这一概念的提出开始，众多学者就不断对这一领域进行探索，直至Lucas、罗默等人，人力资本这一理论才正式确立。在实证研究方面，学者采用不同的研究方法对不同国家、不同地域的情况进行了各种分析探讨，然而大多仅是对人力资本整体存量的测算或是对人力资本投资的研究。近年来，人力资本理论的研究方向更加多样，已有文献对人力资本结构问题进行了分析，但对人力资本结构的界定目前还没有统一的定义。本章在已有研究的基础上，对人力资本进行了分类，并对人力资本结构进行了界定。分析了人力资本的几种主要形成途径对人力资本及结构形成的影响，并阐述了我国这几类人力资本的历史变迁与现状。健康投入和“干中学”能提高人力资本的水平，但对人力资本结构的改善贡献有限，并且由于中学形成的人力资本也难以衡量。能对人力资本水平和人力资本结构起重大作用的是人力资本迁移和教育投入。短期来看，提高本地区的人力资本水平和改善人力资本结构可以通过提供优厚的回报吸引人力资本的迁入；但长期来看，地区内人力资本的提高和人力资本结构的改善主要还是要靠教育投入。人力资本积累与教育投入之间存在明显的滞后性，特别是义务教育投入。同时，本章在扩展罗默的两部门增长模型的基础上，对人力资本与物质资本的比例与经济增长的关系进行了推导，发现人力资本与物质资本存在一定的替代关系，但不能完全替代，在技术水平一定的情况下，人力资本与物质资本的比例越合理，经济增长的效率就越高。同时，本章在生产函数模型中代入了人力资本结构的变量，发现在物质资本和人力资本总水平不变的情况下，合理搭配各类人力资本（即优化人力资本结构）也能提高经济增长效率。

第九章

我国各地区的经济增长水平与人力资本结构

就现实自然条件而言，我国是一个大国，拥有960多万平方千米广阔的国土面积，从东部到西部、从南部到北部，空间跨度都很大。各个地区的气候条件和自然资源禀赋都不尽相同，加之历史、政策等多方面的原因，各地的经济发展水平与经济格局都不一样。从人力资本角度，我国人口基数巨大，同时由于历史文化等诸多因素作用，我国的平均人力资本水平低，且国内各地区人力资本水平与结构也不尽相同。本章将从我国各地区的经济增长速度、各地区的产业构成、各地区各产业劳动力就业人口比重等角度来分析各地区的经济增长水平和特点，并初步分析各地区的人力资本水平和结构。

一 人力资本结构与经济增长的相互作用

人力资本存量的增加以及与物质资本合理的搭配都能有效促进经济增长，以卢卡斯和罗默为代表的国内外众多学者从理论和实证方面都对这一点进行了论证。

从地区经济结构的角度来讲，由于不同类型的经济结构对各类人力资本的需求不同，所以在地区的经济结构和人力资本总水平既定的情况下，调整各类人力资本的比重，使之更好地与现有的产业结构相匹配，能有效促进经济增长。人力资本结构与经济结构存在相互影响的关系，在已有的经济结构下，个体为了获得更好的就业机会和更高的个人收益，会自主选择人力资本投资，长期来看，在既定的地区经济结构下，通过市场的调节，会形成相应的人力资本结构。同时，人力资本结构也促使经济结构的调整，一方面高层次的人力资本会通过技术创新、吸收新技术等方式来提高生产率以促进经济结构升级，另一方面各层次的人力资本的择业选择也能影响地区的经济结构。

所以，人力资本结构能通过优化内部结构来合理匹配经济结构从而促进经济增长，人力资本结构还能影响地区的经济结构调整优化来促进地区经济。具体就区域经济发展而言，如果经济结构维持不变，提高人力资本的总体水平和优化人力资本的结构都能有效提高经济增长的效率。由于人力资本与经济结构调整息息相关，所以在调整经济结构的同时，需要注意人力资本结构的调整。

对于我国人力资本、人力资本结构与经济结构、经济增长之间的关系，学者从不同角度出发做了各种分析。靳卫东（2011）认为地区产业结构升级需要与人力资本相协调。他以山东省为研究对象，在分析计算了山东省实际的人力资本水平和结构的基础上，研究了山东省的人力资本水平和结构与山东省产业结构升级的关系，结论指出了在山东省既有的人力资本水平和结构的约束下产业结构升级的路径选择，并指出对山东省的人力资本结构的调整应与产业结构调整同时进行。杨爽、范秀荣（2010）研究了经济增长过程中人力资本的适配性问题，将与经济增长相“适配”的人力资本定义为：具有“合适性”和“有效性”的高水平的人力资本，并以此建立了一个人力资本适配性度量指标体系，以我国30个省市自治区的相关数据计算了各地区的“人力资本的适配度指数”，据此从人力资本与经济增长适配性方面评价了我国人力资本的总体情况。许士群（2011）认为人力资本结构对经济结构的影响体现在三个方面：其一，人力资本的结构决定产业资源转移的弹性；其二，人力资本的结构决定该地区对各类产业的转换承接能力；其三，人力资本的专业结构的合理分布决定经济结构的合理分布。

总之，无论是从作用机制分析还是实证分析，都能得出一个共同结论：人力资本结构与经济结构和经济增长密切相关。

二 我国各地区的经济发展水平与格局

1.我国各地区的经济发展水平

本章对我国东、中、西部的划分是：北京、上海、河北、天津、浙江、广东、福建、江苏、辽宁、山东和海南为东部地区；河南、安徽、吉林、湖北、湖南、黑龙江、山西和江西为中部地区；新疆、西藏、陕西、甘肃、四川、重庆、广西、贵州、宁夏、云南、青海为西部地区（重庆是1997年从四川省分离出来的直辖市，但本章的数据分析开始于1994年，部分数据重庆市并入四川省考察）。

从经济发展水平来看，各区域的经济水平都持续增长，但是经济发展水平和经济增长速度并不均衡，这从众多研究中可以得到证实。拉恩斯（1991）利用我国1952年至1978年各省份名义人均国民收入数据，通过计算变异系数，表明这一阶段区域经济不均衡程度呈现下降趋势。与拉恩斯类似，崔启源（1995）也是计算变异系数，但他采用的是我国同期的实际人均国民收入数据，得出的结论完全相反：这一阶段我国的区域不均衡程度呈现上升趋势。世界银行（1995）的研究发现：我国在1978年至1992年各区域的不均衡态势扩大了。郭腾云（2005）采用我国1952年至2003年的实际人均国内生产总值（GDP）数据，通过基尼系数和GE系数的计算，发现我国经济的不均衡程度在不同时期呈现不同特点：1952年至1960年不均衡程度呈快速上升趋势；1960年到20世纪60年代中期不均衡程度快速缩小；20世纪60年代中期到70年代中期不均衡程度快速扩大；20世纪70年代中期到80年代中期不均衡程度有所缩小；20世纪80年代中期到2003年各地区的不均衡程度逐步增加。

虽然上述各研究由于指标选取和研究方法不同，得出的结论迥异，但所有的研究都没有排除这样一个事实：我国各地区经济发展水平是不均衡的。随着各地区的经济发展和宏观政策的调整，近年来我国各地区的经济增长又表现出新的变化特征。

改革开放之初，由于占据了便利的交通、港口、基础设施和人力资本的优势，加之政策倾斜，东部地区的经济增长速度高于中西部地区。但这种格局在2007年出现了转变，中西部地区的GDP增长速度在2007年首次超过东部地区，并且从2007年至今，中西部地区的经济增长速度一直高于东部地区。2004年， 东部地区各省份GDP平均增长速度为14.3%，比中部地区各省份GDP平均增长速度高出1.5%，比西部地区各省份GDP平均增长速度高出1.3%；到在2010年，中西部地区各省份GDP平均增长速度分别比东部地区各省份GDP平均增长速度高出1.3%和1.7%。

具体到各省市自治区，近年来，中西部各省市自治区的经济增长速度也高于东部。2004年，东部地区GDP的增长速度超过14%的省份共7个，而中西部地区达到这一速度的省份才2个。在2010年，中西部地区达到这一增长速度的省份增加到10个，东部地区能达到这个增长速度的省份为3个。2011年，经济增长速度最快的几个省市自治区分别为：天津、重庆、四川、贵州和内蒙古，天津和重庆的经济增长速度并列全国第一，增速高达16.4%，这几个省份经济平均增速超过14.0%，除天津属于东部地区外，其余省份都属西部地区。经济增长速度在10.0%～14.0%的共有23个省市自治区：湖北、陕西、云南、吉林、安徽、山西、湖南、西藏、江西、甘肃、青海、广西、黑龙江、福建、辽宁、新疆、宁夏、海南、河南、河北、江苏、山东和广东，其中属于东部地区的省份7个，属于中部地区的省份7个，属于西部地区的省份9个。经济增长低于10.0%的是北京、上海和浙江，均属于东部地区。比较来看，中西部地区省份的经济增长速度普遍高于东部地区的省份，西部地区的部分省份又高于中部地区省份。但从人均GDP来比较，东部地区的人均GDP明显高于中西部地区，不过这种差距正在逐步缩小。2004年，与东部地区的人均GDP相比，中西部地区的这一指标仅为东部地区的48.8%和39%；到了2010年，这一比例分别为54.3%和48.8%。各省市自治区人均GDP差距也明显缩小。2004年，人均GDP最高和最低分别是上海和贵州，贵州的人均GDP仅为上海的7.63%，到了2010年，这一比例上升到了17.24%。

表9-1　2011年我国各省市的经济增长速度

	经济增长速度高于14.0%	经济增长速度10.0%～14.0%		经济增长速度低于10.0%
东部地区	天津	江苏	山东	北京
	–	广东	河北	上海
	–	海南	福建	浙江
	–	辽宁	–	–
中部地区	–	陕西	湖北	–
	–	安徽	湖南	–
	–	吉林	江西	–
	–	黑龙江	河南	–
	–	山西	–	–
西部地区	重庆	云南	青海	–
	四川	西藏	甘肃	–
	贵州	广西	新疆	–
	内蒙古	宁夏	–	–

2. 我国各地区的经济结构格局

分析我国的经济结构，首先需要明确“产业结构”这一概念。20世纪50年代，经济学家克拉克费希尔提出“三次产业”的思想，在对产业进行分类的基础上，对劳动力的流动进行了分析，结果表明：第一产业的劳动力会逐渐转移向第二产业或者第三产业，这种转移停止时，第三产业的从业人员将占据就业人口的绝大多数。随后，其他经济学家也在这一领域展开了相关研究，如西蒙·库兹涅茨以及钱纳里等人对产业之间要素的生产率差异进行了比较，考察了产业结构变化的动因。

对于产业结构的划分，比较常用的方法是划分为三次产业，不同国家具体划分又各有不同。三次产业在我国的划分是：农、林、渔和畜牧业以及与这几类产业相关的服务业统归为第一产业；水、电、煤、气的生产与供应以及建筑、制造和采矿行业为第二产业；除此之外的其他行业都划分为第三产业。归纳起来，第一产业指农业，第二产业指工业，第三产业指服务业。

我国经济结构的研究。耿修林（2010）运用数据结构的方法，运用1978年至2007年的数据，对我国整体的经济结构变化和各地区的经济结构变化进行了分析，结论表明：1978年以来，国民经济总量中三次产业增加值的构成在总体上发生了比较显著的变化。国内生产总值中第一产业的比重持续下降，第三产业的比重不断上升，第二产业虽然在一些年份会发生波动，但整体上还是居于高位。从各个地区的情况来看，1993年起各地区的国民经济总量从主要由第一产业、第二产业带动转变成依托第二产业、第三产业的带动，第一产业的在国民经济中占有的比重持续下降，第三产业的比重持续增加。耿修林的结论，从各地区的横向对比分析来看，北京、天津、上海、广东、浙江、江苏、山东、辽宁、陕西等地的三次产业结构的高级化程度最好；黑龙江、山西、河北、河南、安徽、江西、福建、湖北、湖南、四川、云南等地的产业结构次之；内蒙古、吉林、广西、甘肃、青海、宁夏、新疆、西藏等地的产业结构最低且自身的产业结构变化不大。

胡晓鹏（2002）比较分析了我国各地区的经济结构差异。他的研究表明，“九五”期间，从GDP年平均增长速度看，东部地区和中部地区的增长速度要高于全国的平均水平；东、中、西部地区的第二产业的发展都有不同程度放慢；第三产业在这一期间快速增长。从区域产业转型看，区域产业转型的快慢与地区经济发展水平高度相关。东、中、西部地区转型的方向相同，都是第一产业逐步萎缩，第二、三产业逐步增加，其中由于东部地区的经济最发达，转型速度最快。同时，他的研究还发现，欠发达的西部省份，虽然第一产业的构成在下降，但同时第二产业的构成也在不断下降，第三产业的构成迅速提高。分析原因：一方面部分第一产业的剩余劳动力向三产业转移；另一方面地方政府将第三产业作为新的经济增长点，产业政策过度倾斜。胡晓鹏还利用偏离—份额分析法对各地区的产业结构对区域经济增长的影响进行了分析，发现东部地区发展良好，产业增长潜力最大，中西部地区产业结构存在较多问题，对经济增长的促进作用不强。

通过对以往研究分析归纳，我们能总结出如下的规律：东、中、西部地区的经济结构的转变方向是第一产业构成比例下降，第二、三产业构成比例上升，东部地区经济发展水平和产业经济潜力良好，中、西部地区的经济发展相对缓慢，产业结构还存在许多的问题。

从我国历年三次产业所占比例的变化趋势看（如图9-1所示），1978年一、二、三产业的构成比例为28.2：47.9：23.9，2010年三次产业的构成比例为10.1：46.8：43.1。第一产业所占比例显著下降；第三产业的构成比例显著上升，第二产业的构成比例变化不大，但始终占据主要地位，产业结构从“二一三”型转变成“二三一”型。这种变化的主要原因有三点：一是改革开放以来，我国大量增加的固定资产投入，拉高了第二、三产业的比重；二是从20世纪80年代末开始的农民工潮，大量农民离开农村进入城市，解放了农村大量剩余生产力，进城农民工主要进入建筑、加工、餐饮服务等第二、三产业，进一步推动了第二、三产业的发展；三是20世纪70年代末恢复高考制度，培养了大批高层次人力资本，这类人力资本极大促进了第二、三产业的发展。

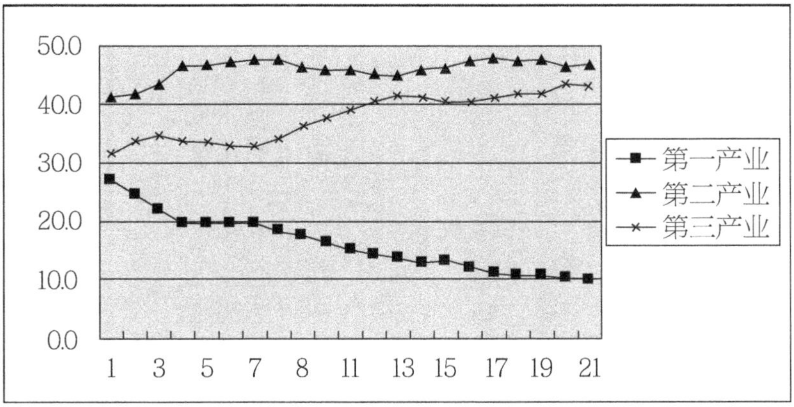

图9-1　我国历年三次产业构成变化

数据来源：中国统计年鉴2011

就各地区的三次产业构成比例而言，2010年，东部地区为：7.7∶46.6∶45.7，中部地区为12.4∶52.1∶35.4，西部地区为13.0∶48.1∶38.9，产业结构类型均为“二三一”型，与全国整体结构趋同。其中，第一产业的比重在东部地区最低，中部次之，西部最高，但中部地区和西部地区的差别不大，东部地区的差距明显；第二产业中部地区最高，西部地区次之，东部地区最低；第三产业比重东部地区最高，西部地区次之，中部地区最低；虽然东部地区的结构模型还是“二三一”型，但第三产业所占比重几乎与第二产业相当，远高于中部地区和西部地区。

本章根据2012年《中国统计年鉴》的相关数据对2011年各省市自治区的三次产业构成情况做了计算，结果如表9-2所示。

表9-2　2011年我国各地区三次产业构成情况

	第一产业比重	第二产业比重	第三产业比重
东部地区			
北 京	0.84%	23.09%	76.07%
天 津	1.41%	52.43%	46.16%
河 北	11.85%	53.54%	34.60%
辽 宁	8.62%	54.67%	36.71%
上 海	0.65%	41.30%	58.05%
江 苏	6.24%	51.32%	42.44%
浙 江	4.90%	51.23%	43.88%
福 建	9.18%	51.65%	39.17%
山 东	8.76%	52.95%	38.29%
广 东	5.01%	49.70%	45.29%
海 南	26.13%	28.32%	45.54%
中部地区			
山 西	5.71%	59.05%	35.25%
吉 林	12.09%	53.09%	34.82%
黑龙江	13.52%	50.31%	36.16%
安 徽	13.17%	54.31%	32.52%
江 西	11.89%	54.61%	33.51%
河 南	13.04%	57.28%	29.67%
湖 北	13.09%	50.00%	36.91%
湖 南	14.07%	47.60%	38.33%
西部地区			
内蒙古	9.10%	55.97%	34.93%
广 西	17.47%	48.42%	34.11%
重 庆	8.44%	55.37%	36.20%
四 川	14.19%	52.45%	33.36%
贵 州	12.74%	38.48%	48.78%
云 南	15.87%	42.51%	41.63%
西 藏	12.29%	34.46%	53.24%
陕 西	9.76%	55.43%	34.81%
甘 肃	13.52%	47.36%	39.12%
青 海	9.28%	58.38%	32.34%
宁 夏	8.76%	50.24%	41.00%
新 疆	17.23%	48.80%	33.97%

我国各地区产业构成格局，也反映出各地区所处的不同的经济发展阶段。东部地区的非农产业比重高达92.3%，第二、三产业已占绝对优势地位，并且第三产业高达45.7%，已进入以长期消费目标为主的重化工业阶段。中部地区的第一产业比重偏高，第三产业比重偏低。西部地区的第一产业比重仍然较高，第二产业近年来承接了部分来自东中部的产业转移，但比重依然偏低，第三产业比重持续上升，比重高于中部地区，但仍以传统服务业为主，发展水平不高。

我国产业结构构成不仅区域间不同，区域内的各省份间也大不相同。我国的四个直辖市北京、天津、上海、重庆，产业结构也差异明显。同属东部地区的北京、天津和上海，第一产业的比重都很低，北京和上海第一产业的比重都低于1%，天津略高，但也只有1.41%，西部地区的重庆却高达8.44%。

重庆的三次产业结构构成与内蒙古相似，这也说明虽然重庆在1997年就设为直辖市，但产业结构升级的速度远赶不上其他直辖市。第三产业所占的比重，北京最高，高达76.07%，这符合北京政治、经济、文化中心的定位。上海第三产业所占比重为58.05%，第二产业所占比重为41.30%，说明上海作为经济中心，第三产业发达，但第二产业同样在快速发展。天津的产业结构构成与江苏、浙江和广东相比，说明天津的发展速度低于这些发达省份。

东部地区的海南省的第一产业所占比重高达26.13%，远高于全国其他省份，但第三产业比重高达45.54%，比广东还略高，这与海南是全国著名的旅游省份有关，也说明海南的经济发展高度依赖旅游业。中部地区的山西，第二产业所占的比重全国最高，这可能与山西是产煤大省有关。西部地区的西藏第三产业高度发达，仅次于北京和上海，西藏与海南类似，也高度依赖旅游业。

从三次产业的贡献率（各产业增加值增量与GDP增量之比）来分析。从图9-2可以看出，我国三次产业的贡献率从1991年的7.1：62.8：30.1转变为2010年的3.9：57.6：38.5，从统计数据可看出第二产业始终为我国的支柱产业，第一产业对GDP的贡献较小且越来越低，第三产业对GDP的贡献越来越大，第三产业的作用越来越突出。

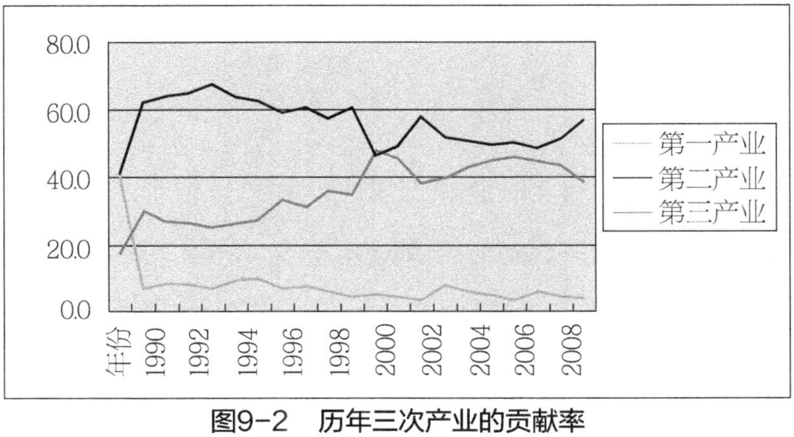

图9-2　历年三次产业的贡献率

数据来源：中国统计年鉴2011

3. 我国各地区的劳动力就业人口结构

从我国各产业就业人员比例来看，1990年第一、二、三产业就业人员的比例构成为60.1：21.4：18.5，2010年年底这已经转化为36.7：8.7：34.6。如图9-3所示，1990年到2010年，第一产业的就业人口比重持续下降，第二、三产业就业人口比重持续上升，特别是第三产业就业人口比重变化最为显著，2010年的比重接近1990年的2倍。第二产业就业人口比重增加不大。这说明，就业人口持续从第一产业向第二、三产业转移，主要向第三产业转移，这也与我国产业结构变化方向一致。

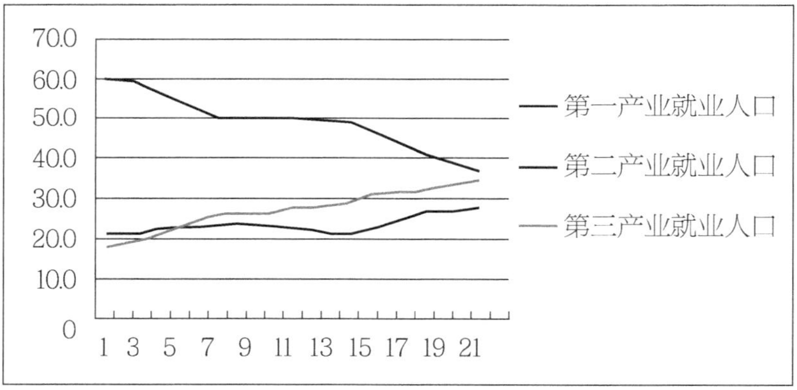

图9-3　各产业就业人口比重变化

数据来源：中国统计年鉴2011

从东、中、西部各产业就业人员比例来看，2010年年底东部地区的比重为24.4：33.6：42.0，中部地区为41.8：25.2：33.0，西部地区为46.6：19.2：34.2，全国整体为36.7：28.7：34.6。可以看出东部地区就业人口分布比较均衡，就业结构呈“三二一”型，基本与该地区产业结构构成一致。中部地区和西部地区的就业结构均成“一三二”型，与全国整体情况趋同。从东往西看，就业人口结构的比重，第一产业逐步增加，第二产业逐步降低，第三产业的就业人口比东部地区最高、西部地区次之、中部地区最低。

三　我国各地区的人力资本水平与结构

1.我国各地区的人力资本水平

计算我国各地区的人力资本水平，首先要确定人力资本的测算方法。人力资本的测算方法，归纳起来大致可以分为五类：第一类为成本方法；第二类为收入方法；第三类为教育指标方法；第四类为直接能力方法；第五类则是上述各种方法的整合。对一个国家和地区人力资本水平的测算，采用成本法、收入法和直接能力法，计算复杂且结果也不一定准确。测算一个国家或地区的人力资本，采用最多的是教育指标法，教育指标法又可以细分为平均教育年限法、学历指数法等。

如果单纯以平均受教育年限来衡量，我国的整体人力资本呈逐步上升趋势。我国劳动年龄人口平均受教育年限从1990年的6.88年提高到2018年的10.6年，整体人力资本水平提高了54.1%左右。特别是接受过大专以上高等教育的高层次总人口从1994年的2623万增加到2018年的2亿左右，24年的时间高层次人力资本的存量增长了6.6倍多。这归功于我国高等教育规模的大幅提高，我国普通高等院校的招生人数从1990年的60.9万提高到2018年的3833万人，增长了约62倍，特别是从1999年高校扩招政策实施以来，大学生人数急剧增加。从各层级教育人口的升学率来看，最为显著的是普通高中的升学率，从1990年的27.3%提升到2018年的88.8%，其次为普通初中的升学率从1990年的40.6%提升到了2018年的100%。从识字率看，我国的文盲率（15岁及以上不识字或识字很少的人口占总人口的比重）自1990年以来的降幅度达到50%。

整体看，全国各地区的人力资本总水平都有显著提高。各地区之间，东部的人力资本水平最高，中部次之，西部最低。各地区的人力资本存量结构与各地区的产业结构类似，存在较大差异。这与各地区的经济发展水平、人力资本的投入水平和结构密切相关。

2. 我国各地区的人力资本投资

人力资本的形成主要依靠后天投资，不同人力资本的形成途径中教育投资是主要途径。政府的教育投入是教育投资的主要来源。为了保持经济持续稳定增长，各国政府都高度重视教育，并且倾向于加大教育投资。随着我国的改革开放和经济的高速增长，国家对教育投入的力度也越来越大，从统计数据上来看，我国的教育经费逐年递增，2018年全国教育经费总投入为46135亿元，比上年增长8.39%。

我国的义务教育经费投入由中央、省、县三级政府按比例分担，由省、县两级政府负担的部分与当地的经济发展水平密切相关。我国东、中、西部地区的经济发展水平不均衡，经济发展的差距造成了教育投入区域间的不均衡。整体上看，我国教育投资不断上升，特别1998年之后，教育投资直线上升。区域间比较来看，中西部地区的教育投资还是远比不上东部地区，1996年至2004年，西部地区对教育的投资不到东部地区对教育投资的一半。中部地区，虽然湖北、湖南、河南等省份从在校生人数、升学率和高校数量来看都为教育大省，但对教育的投资也只是比西部地区略多，教育投资的增长速度与西部地区相当。

3. 我国各地区的人力资本结构

区域间教育投入的不同直接造成了区域间人力资本存量的差异。从各地区人力资本存量的变化看，由于教育投入的持续增加，各层次人力资本存量呈逐年递增趋势，其中东部地区的仅接受过义务教育的基础性人力资本和接受过高等教育的高层次人力资本增长速度最为显著，其他各地区各层次的人力资本变化较为缓慢。从各地区每年各层次人力资本构成的百分比来看，东、中、西部地区的人力资本构成都以基础性人力资本为主，基础性人力资本的存量都占到60%左右，中层次（仅接受过中等教育）的人力资本次之，约占25%，其余为高层次人力资本。一个明显的趋势是基础性人力资本所占比重逐年减小，高层次人力资本比重逐年增大，中层次人力资本比重变化不大。2010年，东部地区基础性人力资本比重下降到50%左右，高层次人力资本比重已达到28%左右；中西部地区基础性人力资本比重也都下降到55%左右，高层次人力资本比重上升到25%左右。随着义务教育的全面覆盖，以及进入高等教育普及阶段，我国各地区的劳动年龄人口中，基础性人力资本的比重必将持续下降，高层次的人力资本的比重则会持续上升。

四　本章小结

本章主要分析了我国东、中、西部地区的产业结构和劳动力就业人口结构，并初步比较了各地区的人力资本水平。各地区第一产业的比重都显著下降，具体而言，2010年前后，东部地区的非农产业比重高达92.3%，第二、三产业已占绝对优势地位，并且第三产业高达45.7%；中部地区第一产业比重偏高，第三产业比重偏低；西部地区第一产业比重仍然较高，但第三产业比重持续上升，高于中部地区。从各产业的贡献率看，各地区第二产业的贡献率最高，第一产业的贡献率最低。从各地区的就业人口看，东部地区第三产业的就业人口比重最高，其次为第二产业；中西部地区第一产业的就业人口仍占最大比重，西部地区第三产业的就业人口比重高于中部地区。从各地区的产业结构、产业贡献率和各产业的就业人口比重，可以初步分析出我国各地区的劳动力人口还存在“隐形失业”的问题。从各地区各类人力资本存量来看，2010年东部地区基础型人力资本所占比重已经下降到50%左右，高水平的专业型人力资本的比重已达到28%左右，中西部地区基础型人力资本的比重也都下降到55%左右，专业型人力资本的比重上升到25%左右，东部地区的人力资本优势明显。

第十章

人力资本及其结构与经济增长关系的实证研究方法

一 实证研究需要考虑的因素

本章的研究目的是考察各地区的人力资本结构对其经济增长的影响，研究思路是：首先从总体上分析各地区的人力资本与其经济增长的关系，再进一步深入分析各地区的人力资本结构对经济增长的影响。

结合前文的分析，考察我国各地区人力资本存量对经济增长的影响需要考虑如下两个因素。

第一，要分地区考察我国的人力资本与经济增长的关系。我国东、中、西部地区的经济发展不均衡是一个不争的事实，各个地区的自然资源禀赋、交通条件、气候环境等因素都存在很大的差异。各地区的产业结构也不相同，人力资本的结构和存量也都不相同。所以，研究我国人力资本对经济增长的影响，如果仅笼统考察全国人力资本存量与经济增长的关系会有所缺失。各地区间的产业结构、自然条件、人力资本等因素差异明显，但在地区内部这些因素具有一定的趋同性，研究我国的人力资本与经济增长之间的关系，采用分地区考察的方式会更具准确性和参考性。

第二，测量人力资本的存量要尽量全面、准确，考虑教育人力资本和健康人力资本两个方面。人力资本指依附在人身上的知识、健康、劳动技能和创新等能力，在量化测算人力资本存量时，由于有些指标无法量化或缺乏相关数据，并不能完整、准确测算。在本章的研究中，为了尽量准确地反应人力资本水平，结合已有的研究和数据的可得性，对人力资本的测算包含了反映知识能力的教育人力资本和反映劳动者健康水平的健康人力资本。教育人力资本采用教育年限法来测量，测量公式为：教育人力资本水平E=9×义务教育水平的就业人口数量+12×中等教育水平的就业人口数量（中等教育包括普通高中、职业中学等）+16×高等教育文化水平的就业人口数量（高等教育包括普通大专、成人大专、普通本科、成人本科，研究生教育等）。健康人力资本，有的研究采用每万人中的医疗人员数量为替代指标，也有研究采用寿命系数为替代指标（边雅丽、沈利生，2004），还有研究用人口死亡率的倒数作为替代指标（杨建芳、龚六堂、张庆华，2006）。因为各地区的人口死亡率都有直接数据，所以本章采用杨建芳等人的研究方法，以人口死亡率的倒数作为健康人力资本的替代指标。总的人力资本，也采用杨建芳等人的方法，假设总人力资本中教育人力资本和健康人力资本构成按Cobb—Douglass的形式组成，总人力资本：$H_{it}=E_{it}^{\lambda}J_{it}^{1-\lambda}$。

在对人力资本结构与经济增长的关系进行实证分析时，需要考虑如下两个因素。

第一，明确人力资本的划分。首先需要考虑如何合理划分我国各类人力资本，然后才能进一步讨论人力资本结构，因为现有的研究通常是将人力资本结构界定为一国或一个区域的各种类型的人力资本的组合。我国各地区经济发展水平不同，且人力资本水平和结构等也各不相同。地区内人力资本的结构越合理，对经济增长的作用就越大。目前人力资本的分类方法也不固定，大多根据研究需要而来。1975年，舒尔茨曾经以经济价值为标准，将人的能力大致分为五种（学习、工作、娱乐、创造和应急能力），并依据这五种能力的大小对人力资本的层次进行划分。卢卡斯（1990）在舒尔茨研究的基础上，结合索洛对技术进步的研究，提出纯体力的原始劳动和劳动者具备一定的劳动技能的“专业化人力资本”。罗默（1992）的两部门增长模型中，虽然没有明确对人力资本进行分类，但实质上将人力资本分为两类：一般人力资本和研发人力资本。我国学者李建民（1999）按照人力资本形成的途径，将人力资本分为教育投资形成的人力资本、技术与知识进步形成的人力资本、健康投资形成的人力资本，以及人口迁移与流动形成的人力资本。丁栋虹（1999）只将人力资本划分为两类：同质型人力资本和异质型人力资本，他的划分依据是人力资本不同的生产力状态。在一定的经济发展阶段，边际报酬递减的人力资本为同质性人力资本，而边际报酬递增的人力资本为异质性人力资本。按社会分工的不同，胡静林（2001）将人力资本划分为主要从事体力工作的一般型人力资本、主要从事技术工作的专业技术型人力资本、主要从事管理工作的管理型人力资本、在科研机构从事研究和开发的研发型人力资本，以及作为企业或机关领导从事决策的决策型人力资本。王金营（2001）将人力资本分为教育人力资本与非教育人力资本。郭继强（2005）对人力资本的类型进行高度概括，只分为两类：资源转换型人力资本和资源配置型人力资本，并对两类人力资本与经济增长的关系代入生产函数进行了数理推导。张一力（2005）、陈剑（2006）、王成新（2006）和孙晓鸥（2006）等人将人力资本分为三类：一般性人力资本（只具备普通知识），专业性人力资本（具备一定专业技能）和企业家人力资本（具备经营管理能力），并将一个国家或地区的这几种人力资本的组合视为人力资本结构。

本章借鉴上述研究，将人力资本分为三类：普通的基础型人力资本，具备一定劳动技能的技能型人力资本和具备专业知识和技能的专业型人力资本。为了度量方便，结合我国教育制度和教育人口一般的就业选择，本章将我国就业人口中拥有大专及以上的人口定义为专业型人力资本，只完成义务教育（包括未完成）的人口定义为基础型人力资本，其余（包括高中、职高、中职等学历的人口）定义为技能型人力资本。一个地区内这三类人力资本的组合视为人力资本结构。

第二，确定对应的研究方法和角度，以此来分析人力资本结构对经济增长的影响。现有关于人力资本结构与经济增长关系的研究大致可以分为两类。一类研究是采用人力资本的结构系数代表人力资本结构来研究其与经济增长的关系。人力资本的结构系数指标主要有教育标准差与变异系数、教育基尼系数、教育广义熵系数。人力资本的结构系数反映的是整体人力资本的不平衡程度，并不能具体反映各类型人力资本对经济增长的影响。另一类研究是将人力资本按照一定的标准进行分类，再将各类人力资本代入生产函数具体分析各类人力资本对经济增长的影响。

本章主要研究人力资本结构与经济增长的关系，所以首先要考虑选取哪种研究方法。对人力资本结构与经济增长进行实证研究时，如果采用某种人力资本的结构系数指标，并代入各类经济增长模型来测算，虽然可以反映人力资本的不平衡程度，但不能具体反映各类人力资本对经济增长的贡献。另一类研究是将各类人力资本代入生产函数来实证分析，但如上所述，人力资本的分类方法较多，有些人力资本的分类方法过于抽象，使对各类人力资本的度量产生很大困难。目前大多数文献都采用人口的受教育年限作为区分人力资本类型的标准，据此来研究不同类型人力资本与经济增长的关系。自从“异质型人力资本”和“同质型人力资本”的概念被丁栋虹（1999）提出，刘智勇和胡永远（2005）、陈秀山和张若（2006），以及刘传江和董延芳（2007）等就以劳动人口受教育年限长短为标准来区分异质型与同质型人力资本，并采用不同的研究方法，分析了我国异质型人力资本、同质型人力资本与经济增长及技术创新的不同关系。胡永远（2004）将人力资本划分为三个层次，完成初中和小学教育的就业人口定义为一般型人力资本，完成中等教育（含中专、高中、职高）和成人高等教育的就业人口均定义为技能型人力资本，完成普通高等教育的就业人口定义为创新型人力资本。参照已有研究，本章首先对人力资本进行分类，并将各种类型的人力资本代入模型，以此进行实证分析（即采用第二类研究方法）。

二 实证模型建立和指标变量的选取及数据来源

1.实证模型的建立

如不考虑人力资本结构，只考虑各地区整体人力资本与经济增长的关系，根据内生增长理论，本章采用科布—道格拉斯生产函数的形式：

$$Y=AK^{\alpha}H^{\beta} \tag{10-1}$$

式（10-1）中，Y为被解释变量，代表经济总量；A为技术进步率，为外生给定；K为物质资本；H为人力资本。

如果考虑健康人力资本，参照杨建芳、龚六堂和张庆华的研究方法，设教育人力资本E和健康人力资本J为线性组合：

$$H=E^{\lambda}J^{1-\lambda} \tag{10-2}$$

式（10-2）中，λ和1-λ分别为教育人力资本E和健康人力资本J对总人力资本H的产出弹性，将式（10-2）代入式（10-1），并对式（10-1）两边分别取对数，得：

$$\ln Y_{it}=\ln A+\alpha\ln K_{it}+\beta\lambda\ln E_{it}+\beta(1-\lambda)\ln J_{it} \tag{10-3}$$

式（10-3）可变形为：

$$\ln Y_{it}=\ln A+\alpha\ln K_{it}+\phi\ln E_{it}+\varphi\ln J_{it} \tag{10-4}$$

由于经济增长除受技术水平、物质资本和人力资本的影响，还受到许多其他因素的影响，因此参考其他研究，本章选取了五个控制变量：其一，B，人口出生率；其二，G，政府的支出规模；其三，I，基础设施；其四，

O，对外开放度；其五，Z，市场化程度。

加入控制变量后，模型变为：

$$\ln Y_{it}=\ln A+\alpha\ln K_{it}+\phi\ln E_{it}+\varphi\ln J_{it}+t_1\ln B_{it}+t_2\ln G_{it}+t_3\ln I_{it}+t_4\ln O_{it}+t_5\ln Z_{it}+\mu_{it} \quad (10\text{-}5)$$

式（10-5）即为本章对人力资本与经济增长关系实证分析的模型，为实证模型一。式（10-1）、式（10-2）~（10-5）中的系数α、β、λ、ϕ、φ、t_1、t_2、t_3、t_4、t_5分别为对应变量的产出弹性，μ_{it}为误差修正项。

从第九章中的式（9-13）：$Y=BA(0)\varphi^{\eta}\phi^{\gamma}K^{\alpha}H^{\beta+\gamma+\eta}$，可以看出经济增长除了与物质资本、人力资本和初始技术水平等因素有关外，还与人力资本结构（各类人力资本占总人力资本的比重）有关。这一点，学者们已通过不同研究方法予以证明。姚先国、张海峰（2008）在M—R—W的框架下建立的增长方程考虑了各类人力资本。在姚先国的基础上，严敏、王维国、朱承亮等人进行了深入研究，将就业人口的人力资本按照受教育年限的不同分为熟练劳动力和非熟练劳动力两类，并采用随机前沿生产函数（SFA）分析了由这两类人力资本构成的人力资本结构通过影响技术效率对经济增长的影响。张国强在何明、马图和姚先国等学者研究的基础上构建了三个模型，在分析人力资本结构与经济增长的关系时，将人力资本按受教育年限分为三类：初级教育学生数（已就业和在校的小学生数）、初等教育学生数（已就业和在读的初中、高中学生数）、高等教育学生数（已就业和在读的高校学生数），以这三类人力资本每万人中的比例作为人力资本的内部结构。他将这三类人力资本的比重直接引入模型，选择五个控制变量：其一，基础设施，以各省份铁路、公路和内河航道里程的加总除以各省份的面积来衡量；其二，贸易开放度，以各省份贸易的进出口总额与其国内生产总值的比值来衡量；其三，城市化程度，以城镇人口数占总人口数的比重来衡量；其四，城乡收入差距，以城镇居民和农村居民的家庭人均可支配收入之比来衡量；其五，政府支出，以地方政府的支出占当地GDP的比重来衡量。张国强选用的控制变量和代理参数都与姚先国等人的类似。

为分析人力资本结构对经济增长的影响，本章在第四章分析的基础上，结合姚先国、严敏、王维国、朱承亮和张国强等人的研究，并参考李秀敏的研究方法，建立如下实证分析模型：

$$\ln Y_t=\ln A+\alpha\ln K_{it}+\sum_{j=0}^{2}\omega_j\ln\left(\frac{E_{it}^{j}}{E_{it}}\right)+\upsilon_{it} \qquad (10\text{-}6)$$

加入控制变量，式（10-6）变为：

$$\ln Y_t=\ln A+\alpha\ln K_{it}+\sum_{j=0}^{2}\omega_j\ln\left(\frac{E_{it}^{j}}{E_{it}}\right)+t_1\ln B_{it}+t_2\ln G_{it}+t_3\ln I_{it}+t_4\ln O_{it}+t_5\ln Z_{it}+\upsilon_{it} \qquad (10\text{-}7)$$

式（10-7）即为本章考虑人力资本结构因素下的实证模型，为实证模型二。E_{it}表示i地区第t年的教育人力资本，E_{it}^{j}为i地区第t年第j层次的教育人力资本，j=0、1、2，分别表示基础型人力资本、技能型人力资本和专业型人力资本。系数α、ω_j、t_1、t_2、t_3、t_4、t_5分别为对应变量的产出弹性，υ_{it}为误差修正项。

2. 数据来源与指标变量的选择

本章采用的数据为我国1994年至2011年相关数据，数据来源为各年份统计年鉴或公报，包括《中国统计年鉴》《中国统计公报》《中国教育统计年鉴》《中国财政统计年鉴》和《新中国六十年统计资料汇编》，或为根据上述相关数据计算所得数据。文中符号的代表指标含义和数据来源说明如下。

第一，Y_{it}为i地区第t年的经济总量，取实际GDP值，并按照价格指数折算成1994年的值。

第二，K_{it}为地区i第t年的固定资产额。对固定资产额的计算采用戈德史密斯于1951年创立的永续盘存法，计算公式为：$K_t=I_t+(1-\alpha)K_{t-1}$，其中$K_t$为t时期的资本存量，$I_t$为同期投资量，$\alpha>0$为资本折旧率，本章的资本折旧率$\alpha>$

0取5%。同样，K_{it}的值按照价格指数折算成1994年的值。

第三，J_{it}为i地区第t年的健康人力资本存量。人力资本包括人的健康、知识、劳动能力、技能水平等方面的能力，有些方面过于抽象无法量化。早期的研究中，人力资本一般以各种教育指标代表，为了尽量全面测算人力资本，近年来有些研究将健康人力资本也考虑在内，如布鲁姆、坎宁和马拉尼（2000），杨建芳、龚六堂和张庆华（2006），余长林（2006）等。关于健康人力资本的指标选取，有研究用每万人中的医疗人员的数量来代替，也有研究用人口死亡率的倒数来代替，还有研究采用寿命系数来代替。为了尽量全面测算人力资本，本章的健康人力资本J的计算参照杨建芳的研究方法：各地区的健康资本J取其人口死亡率的倒数。

第四，E_{it}为i地区第t年的总的教育人力资本存量。人力资本包括人的健康、知识、劳动能力、技能水平等方面的能力。劳动能力、技能水平等能力很难量化，从第五章健康人力资本的直观分析可以看出，我国各地区的健康人力资本的差距并不大。本章要考察的是各地区人力资本的结构，也就是各种不同能力层次的人力资本的组合情况，所以本章研究的人力资本只考虑教育人力资本。根据教育年限法的计算方法，再结合我国的教育制度，教育人力资本水平E=9×义务教育水平的就业人口数量+12×中等教育水平的就业人口数量（中等教育包括普通高中、职业中学等）+16×高等教育文化水平的就业人口数量（高等教育包括普通大专、成人大专、普通本科、成人本科，研究生教育等）。

第五，E_{it}^{1}为i地区第t年的基础型人力资本存量，取就业人口中接受过初中及以下的人口数×9。

第六，E_{it}^{2}为i地区第t年的技术型人力资本存量，取就业人口中接受过高中教育（包括职业高中和中等职业技术学校教育等）的人口数×12。

第七，E_{it}^{3}为i地区第t年的专业型人力资本存量，取就业人口中接受过高等教育（包括大学专科、大学本科、研究生教育、自学考试和成人高等教育等）的人口数×16。参照姚先国，张国强等的研究，本文选取了五个控制变量：B，人口出生率；G，政府的支出规模；I，基础设施；O，对外开放度；Z，市场化程度。

第八，B_{it}为人口变动率，取地区内人口的自然增长率。地区内人口数量的变动，会引起就业人口数量的变化，进而影响经济增长。长期来看，劳动人口的变化，受人口出生率、死亡率和区域间人口迁移的影响。由于本章不考虑人力资本的迁移，所以本章的人口变动率（B）=人口出生率－死亡率。

第九，G_{it}为政府支出规模，取当地政府的财政支出占当地GDP的比重来衡量政府支出规模。在市场经济条件下，社会资源主要通过市场配置和政府调节（通过公共财政支出）两种方式输出。政府支出可以弥补和避免市场失灵，有效优化资源配置效率，也可以有效引导社会投资的方向。关于政府支出规模与经济增长的关系，不同学者得出了不同结论。以拉姆（1986）为代表的研究表明，政府支出规模对经济增长呈正相关关系；以兰多（1986）为代表的研究却持相反观点，认为政府的支出规模对经济增长呈负相关关系；以格默尔（1983）为代表的研究认为，政府的支出规模与经济增长没有相关关系。以上研究大多是以国外的政府财政支出与经济增长的关系为研究对象，我国有自己的国情，政府支出规模是经济增长一个不能忽视的因素。虽然政府支出的结构，政府支出的边际产出弹性等因素都能对经济增长产生影响，但最重要的影响因素还是政府支出规模的大小。本章参照以往的研究，采用政府的财政支出占GDP的比重来衡量政府支出的规模。

第十，I_{it}为基础设施，代理指标为地区内每平方千米公路里程数。地区内的交通、电力、通信等基础设施越完善，地区的资源配置效率越高，对投资的吸引力也越强，这些都必将对经济增长产生影响。马栓友（2000）的实证研究结论表明，1981年至1998年，我国公共资本的产出弹性为0.55。娄洪（2003）的研究表明，我国的基础设施产出弹性为0.2347。范九利等（2004a，2004b）采用C—D生产函数估计的结论却高达0.695。虽然上述研究的结论迥异，但都表明基础设施与经济增长有正相关关系。基础设施的涵盖范围很广，包括公路密度、铁路里程、电力装机容量等，但衡量基础设施不是将这些因素简单加总。由于公路在基础设施中占据重要地位，本章以每平方千米公路里程数近似代表地区基础设施情况。

第十一，O_{it}为对外开放度，代理指标为各地区进出口贸易额占地区内GDP的比重。现代社会，由于全球化深入，任何国家和地区都无法孤立发展。国际化程度是衡量一个国家或地区竞争力强弱的重要指标。对外开放度指一个国家或地区参与国际经济的程度。国家或地区间的经济交互关系非常复杂，对外开放度这一指标难以衡量，所以本章借鉴姚先国等人的研究，采用各地区的进出口贸易额占地区GDP的比重来表示对外开放度。各地区进出口贸易总额采用美元为单位计算，故本章先按照对应年份的人民币兑美元的汇率将各地区的进出口贸易总额折算成以人民币为单位的数值，再计算其占地区GDP的比重。

第十二，Z_{it}为市场化程度，代理指标为各地区非国有企业个数占总企业个数的比重。改革开放以来，我国经济持续保持两位数高速增长，但同时也表现出区域间经济发展不平衡的问题。除了人力资本和物质资本的差异外，地区的市场化程度也越来越受到学术界的关注。董祥海、李升（2004）利用我国1980年至1994年的数据进行实证分析，发现这15年制度和技术因素对经济增长的贡献率达22.4%，制度是主要的因素。王小鲁等（2009）的研究也指出，过去的30年，我国的市场化改革与城市化发展是引起生产率提高的重要原因。本章采用各地区非国有企业个数占总企业个数的比重来代表地区的市场化程度。

三 实证检验的方法和步骤

结合上述模型，本章对我国1994年至2011年的数据进行检验，数据类型为面板数据，因为各年份和省份的数据都无缺失，所以数据为平衡面板数据。本章的基本分析思路和步骤是：第一步，为初步判断解释变量与被解释变量之间的关系，首先对解释变量和被解释变量进行格兰杰因果关系检验；第二步，为避免伪回归的出现，需要先对数据进行平稳性检验（单位根检验）；第三步，如果数据的平稳性检验能够通过或者变换序列后能够通过，为判断序列之间是否存在长期关系，需对序列进行协整检验；第四步，为选择合适的估计模型，对序列进行Hausman检验和F检验。第五步，根据Hausman检验和F检验的结果选择合适的估计模型进行估计，并对估计结果进行分析。

1.格兰杰因果关系检验

这一步检验的是被解释变量与解释变量之间的依赖关系，是基于解释变量和被解释变量的向量自回归模型（VAR）的估计和检验。格兰杰检验的原假设为：解释变量X不是引起被解释Y变化的原因；备选假设为：解释变量X是引起被解释变量Y变化的原因。格兰杰因果检验的结果要依靠F值和P值来判断。根据给出的F值和P值，可以判断出F值是落在临界值的左侧还是右侧。如F值落在临界值的左侧，说明要接受原假设，即解释变量X不是引起被解释变量Y变化的原因；如果F值落在临界值的右侧，说明要拒绝原假设而接受备选假设，即解释变量X是引起被解释变量Y变化的原因。要判断解释变量X是被解释变量Y变化的原因，除了要接受“X是引起Y变化的格兰杰原因”这一假设外，还要拒绝“Y是引起X变化的格兰杰原因”这一假设。

2. 数据的平稳性检验（单位根检验）

研究各个序列之间的关系，首先要判断各序列是否是平稳的，也即要对各数据序列进行单位根检验。根据数据特征的不同，采用的单位根检验方法也不同。对面板数据，可以分为截面独立的面板数据和截面非独立的面板数据。由于面板数据是一组二维的数据组，由各个变量在时间顺序上的数据和各个时间节点上的各变量的截面数据组成，所以如果数据组的各个时间节点和各截面的数据都完备，称为平衡面板数据。但很多时候，由于统计口径的变化等因素会造成部分数据的缺失，这种数据称为非平衡面板数据。对截面独立的平衡面板数据的单位根检验方法主要有Quah检验、LL检验和LLC检验。

DF检验原本为时间序列分析里的检验，但夸（1990，1994）直接将其用于面板数据的单位根检验，基本思想是将N个同期时间序列混合在一起检验单位根。林立文（1992）在夸的检验式中加入了漂移项和时间趋势项。林立文和楚（2002）进一步完善了LL检验，在截面不相关的同质面板数据前提下，允许随机误差项的序列相关形式不同。LLC检验要求截面数据或者都含有单位根，或者都不含单位根，假设条件比较苛刻。伊姆，佩萨兰和夏因（2003）提出的IPS检验放松了LLC的这一假设条件，但IPS检验要求纵剖面的时间序列具有相同期数的观测值，所以IPS检验不能检验非平衡面板数据。针对LLC检验和IPS检验的缺陷，麦达拉和吴在Fisher组合统计量的基础上提出了组合P值检验，利用相互独立的各时间的ADF检验的显著性水平Pi取对数的和。MW检验也称之为Fisher—ADF检验，其原假设是：数据存在单位根。对截面相关的面板数据的单位根检验方法主要有佩德罗尼（2007）提出的CADF

检验，Phillips和Sul（2003）提出的处理截面相关的共同时间因子模型的PS检验法，Bai和Ng（2004）提出的BN检验法等。

3. 面板数据的协整检验

面板数据协整检验的理论研究可追溯到1995年，Pedroni（1999，2004）、卡奥（1999）、拉松（2001）、韦斯特隆德（2005a，2005b）、布雷特（2005）、鲍伊和卡奥（2006）等人都对这一理论进行了贡献性的研究。面板数据的协整检验方法根据检验思路的不同，可以分为两大类：一类是基于时间序列EG两步法的残差估计的面板数据协整检验；另一类是基于时间序列中Johansen协整检验的面板数据误差修正模型的协整检验。面板数据的协整检验方法主要有Kao检验、Pedroni检验和Fisher检验。其中，Kao检验和Pedroni检验是基于EG两步法的检验，是通过残差是否平稳来判断序列间是否具有长期均衡的协整关系。Fisher检验是基于面板数据误差修正模型的协整检验。

4. F检验、Hausman检验

面板数据有三种类型：固定效应模型（FE）；随机效应模型（RE）；混合效应模型（CSTV）。固定效应模型的截距随个体的不同而不同，并不固定；随机效应模型的截距与解释变量无关；混合效应模型的截距相同，不随个体的不同变化。实际应用中具体选用哪种模型，要根据F检验和Hausman检验的结果判断。模型中个体的截距情况通过F检验来判断，F检验的原假设是：模型中的不同个体拥有的截距均相同，F检验的备选假设是：模型中不同个体拥有不同的截距。所以，通过F检验，即可判断出模型是否为混合效应模型（CSTV）。Hausman检验的原假设是：模型中截距与回归变量无关，备选假设是：模型中截距与回归变量相关。所以，Hausman检验判断的是模型是固定效应模型还是随机效应模型。

5. 其他估计参数的说明

模型估计结果的好坏通过F值、T值和调整的R^2几个统计量来判断。F统计量是对方程总体线性显著性的判断，F值越大说明解释变量对因变量的影响越显著。T统计量是F统计量的一个特例，检验的是单个的解释变量对因变量的显著性，T值越大，说明对应的解释变量对因变量的影响越显著；T值越小，说明对应的解释变量对因变量的影响越不显著。R^2是判断回归结果与样本观测值拟合优度的一个指标，$0 \leqslant R^2 \leqslant 1$，$R^2$越接近1，说明回归结果与样本观测值的拟合优度越好，模型的解释力度越强；R^2越接近0，说明回归结果与样本观测值的拟合优度越差，模型的解释力度越弱。

四 实证检验的结果

本章采用的计量软件工具是Eviews 6.0。

1. 相关数据的直观分析

从直观数据看，按平均教育受年限计算，从20世纪90年代初至今，我国的教育人力资本水平是逐步上升的，1997年至2000年的变化幅度比其他年份略大。健康人力资本，本章参照杨建芳、龚六堂的研究方法，以人口死亡率的倒数计算。直观数据反映出，全国及各地区的健康人力资本都呈上升趋势，其中，西部地区1994年的健康人力资本最低，提高最快，目前已超过中部地区，低于东部地区。这一现象可能的原因是随着西部大开发，西部地区的基础卫生设施得到很大改善，医疗卫生水平提高，并与近年来我国实施的农村合作医疗有关。目前，健康人力资本水平最高的地区还是东部地区。

各地区各控制变量的变化分析对比如下。

东部地区。从1994年到2011年，人口的自然增长率（人口出生率–人口死亡率）整体呈逐年递减趋势，但有两个地方例外：北京和上海。北京的人口增长率从1994年到2003年逐年递减，从2004年到2011年逐年递增。上海的人口自然增长率从1994年到2003年一直负增长，从2004年起增长率为正数，并呈逐年递增趋势。东部地区各省份政府支出规模近年来变化幅度不大。广东省的政府支出规模最大，从1994年到2002年占当地GDP的比重都在10%以上，2003年以来才逐年缩小，但2011年的比重也高达7%以上。相对而言，海南省的财政支出规模最小，在0.6%到1%之间。政府支出规模较大的省份有山东、辽宁、上海和江苏。北京和天津两地的政府支出规模相对偏小。各地的基础设施本文以每平方千米公路里程来衡量，从计算出的数据看，从2003年开始，各省份的公路里程都大幅增加，海南、广东、山东、浙江和福建的增幅最大；并且从2003年开始，各省份公路里程每年都大幅增加，这也从一个方面解释了我国2003年固定资产投资大幅增加的原因。在对外贸易方面，各省份的进出口贸易额都逐年增加，从2000年开始，各省份的进出口贸易总额每年急剧增长，其中以上海、江苏、广东和天津为最，这四个地区的进出口贸易总额占当地GDP的比重最大，上海和广东都在9倍以上。统计数据还表明2008年到2009年各省份进出口贸易急剧下滑，2009年起开始恢复增长，这可能与2008年国际金融风暴有关。市场化程度，本章以各省份非国有经济所占比重来衡量，从整体上看，非国有经济所占比重逐年增加，只是在2003年到2005年有所缩减。海南和广东两地的非国有经济最为活跃，北京和天津的非国有经济最不活跃。

中部地区。1994年到2011年，中部地区人口自然增长率（人口出生率--人口死亡率）最高的省份为江西、湖北、山西、安徽，1994年，江西、湖北、山西和安徽的人口自然增长率分别高达1.34%、1.31%、1.11%和1.07%。中部地区的人口自然增长率整体呈逐年下降的趋势，但湖南的人口自然增长率的变化不大。2011年人口自然增长率最高的省份为江西、湖南和安徽，分别为0.75%、0.66%和0.63%；人口自然增长率最低的省份为吉林和黑龙江，分别是0.1%和0.11%。在政府支出规模方面，河南政府支出规模最大，占当地GDP比重平均都在4%以上，2007年高达4.9%。安徽政府支出规模增长也很快，其他省份变化比例不大。政府支出规模最小的省份为山西、吉林和江西，三个省份政府支出占当地GDP的比重均在2.5%上下。中部地区各地的公路里程长度在2004年以前每年都有增加，增加幅度比较平缓，但2004年至2006年，各省份公路里程长度平均都比以往年份公路里程的总长度增加约一倍，这也能与2003年固定资产投资大幅增加相对应。其中，河南、安徽、湖北三省份的公路里程增加的长度最长，这可能也与这三个省份政府支出规模较大有关。在对外贸易方面，中部各省份进出口贸易额都逐年增加，急剧增长（2000年开始增长，2008年有显著缩小，2009年开始又急剧增长）。中部地区对外贸易最活跃的省份为江西，其次为吉林和安徽，湖南对外贸易相对是最不活跃的。市场化程度方面，中部地区各个省份2009年之后非国有经济的比重都相当，1994年到2011年各省份的非国有经济比重持续增加，增长最快的省份为黑龙江，比重从1994年的17.5%增长到2011年的93.2%。

西部地区。人口的自然增长率逐年递减，各省份的差异较大，人口自然增长率高的省份有西藏、新疆、宁夏、青海、广西，其中西藏和新疆的人口自然增长率在2011年高达10‰以上。人口自然增长率较低的省份为四川、内蒙古和陕西，2011年的人口自然增长率为3‰上下。从政府的支出规模来看，1996年到1997年，四川和云南两省的政府支出规模急剧缩小，贵州和西藏却急剧增加。政府支出规模最大的省份为贵州，政府支出占当地GDP的比重为5%左右；政府支出规模最小的省份为宁夏、新疆和陕西，政府支出占当地GDP的比重为1%左右。在基础设施方面，云南的公路里程从1997年开始快速增加，其他省份从2003年才开始迅速增加，云南的大规模基础设施建设早于其他地区，2003年以来公路里程增长最长的省份为贵州和陕西，云南的增长反而不大。基础设施相对薄弱的省份为西藏、新疆和内蒙古。在对外贸易方面，2003年之前西部各省份的进出口贸易规模变化都不大，从2003年开始，各省份的进出口贸易总额开始逐步增长，2008年有所缩减，但变化不大。西部地区进出口贸易最活跃的省份为新疆，最不活跃的省份为青海和贵州，这可能与其地理位置有关。市场化程度方面，西部地区各省份的非国有经济比重都在逐年增加，2003年西藏这一比重急剧减小，到2006年又开始快速增加。西部各省份的市场化程度相当，西藏市场化程度弱一些，四川市场化程度最高。

从三大地区的比较来看。人口自然增长率方面，西部地区的人口自然增长率最高，中部地区次之，东部地区最低，2011年人口自然增长率最高的新疆为10.57‰，增长率最低的辽宁为-0.0034‰。政府支出方面，中部地区最高，西部地区次之，东部地区最低。基础设施方面，东部地区和中部地区差别不大，西部地区的内蒙古和东中部地区相当，其他地区略低于中部地区的平均水平，西藏和新疆两地的基础设施远落后于全国平均水平。对外贸易方面，东部地区的对外贸易规模远大于中西部地区，中西部地区的贵州、云南、青海、西藏等省份的贸易规模较低，其他省份都大致相当。市场化程度方面，三大地区的差异不大。

2. 我国各地区人力资本与经济增长关系的实证结果

模型一。

$$\ln Y_{it}=\ln A+\alpha\ln K_{it}+\phi\ln E_{it}+\varphi\ln J_{it}+t_1\ln B_{it}+t_2\ln G_{it}+t_3\ln I_{it}+t_4\ln O_{it}+t_5\ln Z_{it}+\mu_{it} \quad (10\text{-}8)$$

模型一的实证目的是，着重考察我国各地区的人力资本与经济增长的关系。本章中人力资本考虑了两个方面：教育人力资本E和健康人力资本J。根据我国各级学校的学制安排，人口的受教育程度普遍划分为五个等级：小学，学制6年；初中，包括普通初中、职业初中等，学制3年（小学与初中教育为我国强制性义务教育阶段，总学制9年）；高中，包括普通高中、职业高中、中等技工学校等，学制3年；大学大专，包括普通大学大专、专科自学考试、成人专科等，学制3年；大学本科及以上，包括普通大学本科、本科自学考试、研究生教育等，大学本科学制4年。要整体观察我国的人力资本水平，可以从平均受教育年限的变化做一个简单判断。

表10-1 各地区的F检验和模型回归结果

	东部地区		中部地区		西部地区	
	Coefficient	t—Statistic	Coefficient	t—Statistic	Coefficient	t—Statistic
C	0.025	9.949	0.033	16.799	0.035	13.352
K	0.125	2.554	0.154	2.960	0.143	0.569
E	0.009	−2.549	0.076	1.227	0.026	−1.685
J	−0.015	−1.413	0.037	1.764	0.034	0.926
B	−0.012	−3.355	−0.027	3.582	0.012	3.816
G	0.106	3.237	0.154	4.326	0.165	4.536
O	0.023	3.598	0.011	3.135	0.006	2.583
Cross—Section/Period F	18.521		27.465		25.372	
模型类型	个体时点双固定效应模型		个体时点双固定效应模型		个体时点双固定效应模型	
Adjusted R—squared	0.85		0.83		0.87	
D—W	2.28		2.36		2.32	
F—statistic	35.25		29.51		32.30	

从表10-1的估计结果可以看出，东、中、西部地区模型估计的调整R^2值

都大于0.8，说明模型的拟合优度较好，解释变量能很好解释被解释变量变化的原因。东、中、西部地区的模型的D-W值都在1.5到2.5之间，说明模型的各解释变量之间不存在自相关关系。各模型的F统计量的大小也说明各模型的方程统计是显著的。从各变量的回归系数来看，各地区的物质资本K与经济增长都呈正相关关系，物质资本对经济增长的促进作用远大于人力资本的作用，说明各地区的经济增长主要还是靠固定资产投资推动。教育人力资本E在东部地区与经济增长Y呈微弱的正相关关系，在中西部地区呈比较显著的正相关关系，说明东部地区的人力资本水平基本能与地区内的经济水平和结构相匹配。健康人力资本J在东部地区与经济增长Y呈负相关关系，在中西部地区呈正相关关系，可能是东部地区对健康人力资本的投入偏高，形成对其他公共投入的“挤出效应”。教育人力资本E对经济增长贡献最大的地区是中部地区，这可能是相较于东部地区而言，中部地区的经济水平略低，但中部地区的经济水平又高于西部地区，就使中部地区技术含量较高的人力资本对中部地区经济增长的促进作用最大。健康人力资本对经济增长的促进作用也最大，虽然早期西部地区的健康人力资本水平最低，2003年前后，西部地区的健康人力资本水平已经与中部地区相当，东部地区的健康人力资本水平一直最高，中部地区的健康人力资本投入水平偏低，中部地区健康人力资本对经济增长的弹性最大。

各个控制变量中，人口变动率B_{it}在东部地区和中部地区对经济增长负相关，在西部地区与经济增长正相关；政府的支出规模G_{it}和对外开放程度O_{it}在各个地区都与经济增长正相关。

3. 我国各地区人力资本结构与经济增长关系的实证结果

通过对各地区人力资本与经济增长关系的实证分析，发现教育人力资本E和健康人力资本J在东部地区与经济增长呈负相关关系，在中西部地区呈正相关关系，但模型一的实证结果无法更进一步显示各教育层次的人力资本对经济增长的影响，也即无法说明各地区的人力资本结构与经济增长的关系。因此，有必要通过模型二来进一步分析。

$$\ln Y_{it}=\ln A+\alpha\ln K_{it}+\sum_{j=0}^{2}\omega_j\ln\left(\frac{E_{it}^{j}}{E_{it}}\right)+t_1\ln B_{it}+t_2\ln G_{it}+t_3\ln I_{it}+t_4\ln O_{it}+t_5\ln Z_{it}+\mu_{it} \quad (10\text{-}9)$$

各级受教育劳动力人口能够直观体现一定的线性关系。国民生产总值Y的增长变化与高等教育E3的人数变化方向一致。1994年到2018年，我国接受过高等教育的人数增长幅度最大，中等教育人数也有一定增长，基础型教育人口的变动幅度不大。

东部地区的三类人力资本水平都有增加，提高最为显著的是专业型人力资本，其次是技能型人力资本。由于各类人力资本水平的增加速度不同，造成了人力资本结构比例的变化。从具体数据分析，东部地区虽然还是以基础型人力资本为主，但其所占比例已经从20世纪90年代初的60%左右下降到50%左右。技能型人力资本所占的比重也在下降，从20世纪90年代初的30%左右下降到25%。只有专业型人力资本的比重在上升，从20世纪90年代初的10%左右上升到25%，与技能型人力资本所占比重相当。

中部地区的三类人力资本水平都有增加，提高最为显著的是专业型人力资本，其次是技能型人力资本。从比例上看，中部地区的基础型人力资本所占比例从20世纪90年代初的80%左右下降到60%以下。技能型人力资本所占比重有所上升，变化幅度不大。专业型人力资本的比重上升最为显著，从20世纪90年代初不到10%左右上升到20%。

西部地区的人力资本存量及结构与中部地区类似。西部地区的三类人力资本水平都有增加，提高最为显著的也是专业型人力资本。西部地区的基础型人力资本所占比例已经从20世纪90年代初的接近80%下降到60%以下。技能型人力资本所占比重从1994年到2004年有所上升，接下来略微下降。专业型人力资本的比重从20世纪90年代初不到10%左右上升到20%以上，与技能型人力资本所占的比重相当。

比较分析各地区人力资本存量和结构的变化可以看出，各层次的人力资本存量呈逐年递增的趋势，其中东部地区的基础型人力资本和专业型人力资本增长速度最为显著，其他各地区各层次的人力资本变化较为缓慢。从各地区每年各层次人力资本构成的百分比来看，东、中、西部地区的人力资本构成均以基础性人力资本为主，基础性人力资本的存量都占到60%左右，技能型人力资本约占25%，其余为专业型人力资本，但一个明显的趋势是基础型人力资本所占比重逐年减小，专业型人力资本比重逐年增大，技能型人力资本比重变化不大。2010年，东部地区基础型人力资本所占比重已经下降到50%左右，专业型人力资本比重已达到28%左右；中西部地区基础型人力资本比重也都下降到60%以下，专业型人力资本的比重上升到20%左右。各地区人力资本结构与经济增长关系的OLS估计结果如表10-2所示。

表10-2　面板数据的OLS估计表

	东部	中部	西部
Cross—Section/Period F	14.546	22.588	14.019
模型类型	个体时点双固定效应模型	个体时点双固定效应模型	个体时点双固定效应模型
C	0.026**	0.252***	0.031**
K	0.218***	0.165***	0.279***
E1	0.031**	−0.017**	0.031**
E2	0.021**	−0.007	0.059***
E3	0.001	0.030**	−0.003
B	−0.001	−0.002	0.001
G	0.010	0.013	0.015
O	0.003	0.001	0.005

续表

	东部	中部	西部
F Statistic	27.06	24.31	29.008
Adj R2	0.772	0.86	0.743
D.W.	1.64	2.134	2.356

***、**和*分别表示0.01、0.05和0.1的显著水平

根据F检验的结果，我国各地区的数据都是个体时点双固定效应模型。从表10-2中各地区的变量估计结果，可以看出各地区固定资本投资K都是促进经济增长的一个重要因素。

不同地区的人力资本结构对经济增长的作用呈现不同的相关关系。基础型人力资本、技能型人力资本和专业型人力资本对东部地区的经济增长都呈正相关关系，其中基础型人力资本的增长对经济增长的弹性最强，专业型人力资本与经济增长呈弱正相关关系。可能的原因是东部地区集聚大量制造型企业、服务型企业，需要大量基础型人力资本和技能型人力资本。从前文的各地区产业结构分析来看，东部地区第二、三产业比重最大，这意味着东部地区对专业型人力资本的接纳能力也应当是最强的，但东部地区专业型人力资本与该地区的经济增长仅呈弱正相关关系，说明东部地区对专业型人力资本的接纳能力已接近饱和。基础型人力资本和技能型人力资本对中部地区的经济增长呈显著的负相关关系，专业型人力资本呈显著正相关关系。一方面是因为中部地区的人口基数大；另一方面是因为地区内的产业结构不合理，虽然中部地区2011年第二、三产业的比例达到了87.5%，但各产业的就业人口比例却为41.8：25.2：33.0，说明中部地区的第二、三产业并没有很好接纳就业人口，基础型人力资本和技能型人力资本不能充分就业并发挥应有的能力。西部地区的技能型人力资本与该地区的经济增长显著正相关关系，结合

西部地区产业结构（三次产业的构成比例：13.0：48.1：38.9）和各产业的就业人口（各产业的就业人口比例：46.6：19.2：34.2）可以看出，西部地区对技能型人力资本的需求巨大，同时西部地区第三产业比较发达，可以接纳更多基础型人力资本。西部地区的专业型人力资本与该地区的经济增长呈弱负相关关系，说明相对于西部地区的产业结构，地区内的专业型人力资本有剩余。

五 本章的结论和建议

在模型一的实证过程中，通过对我国各地区的物质资本K、教育人力资本E和健康人力资本J与被解释变量经济增长Y之间的关系进行格兰杰因果关系检验，发现各解释变量都是被解释变量的格兰杰原因，但被解释变量的变化不会引起解释变量的变化。再对各变量进行协整检验，发现各变量之间具有长期的均衡关系。通过F检验，发现各地区的模型都为个体时点双固定的效应模型。经过回归估计，发现各地区物质资本K依然是经济增长的主要动因，但各地区教育人力资本E和健康人力资本J对经济增长的效果不同。其中，健康人力资本J对东部地区的经济增长呈负相关关系，说明东部地区存在对健康人力资本的过度投入，教育人力资本E与东部地区的经济增长呈弱正相关关系，说明东部地区的人力资本水平基本能满足经济发展的需要。教育人力资本E和健康人力资本J对中西部地区的经济增长都呈正相关关系，两者对中部地区的影响最大。这一方面说明中部地区对人力资本的需求比东部地区和西部地区大；另一方面是因为中部地区的健康人力资本水平偏低。

模型二的实证检验结果也表明，我国各地区固定资产投资的增长是带动GDP增长的主要原因。从东、中、西部地区人力资本结构与经济增长的关系来看。东部地区基础型人力资本和技能型人力资本的增加都能有效地促进经济增长，这是因为虽然东部地区的第二、三产业的比重最高，但却多以劳动密集型产业为主（尤其是东部沿海地区）；高层次的专业型人力资本的增加却对东部地区的经济增长贡献微弱，表明东部地区的专业型人力资本已接近饱和。中部地区的基础型人力资本和技能型人力资本与经济增长显著负相关，说明中部地区没有很好接纳吸收这两类人力资本，地区内的经济结构不合理；专业型人力资本对该地区经济增长的促进作用显著，所以中部地区应加大对专业型人力资本的培养，同时引导基础型人力资本和技能型人力资本向东西部地区迁移。与东部地区和中部地区相比，西部地区的人力资本存量较低，仅依靠提高专业型人力资本水平，并不能很好促进地区内的经济增长，也就是说，提高西部地区的整体人力资本水平比仅改善人力资本结构更能有效促进西部地区的经济增长。

结合上述结论，给出以下政策建议。

第一，合理引导人力资本的迁移。具体做法是，引导东西部地区的专业型人力资本向中部地区迁移。东部地区现有的专业型人力资本的增加对经济增长的促进作用微弱，西部地区的专业型人力资本甚至对经济增长呈负相关关系，专业型人力资本在这两个地区都存在一定程度的浪费，而中部地区的专业型人力资本对经济增长的作用显著。所以应当合理引导东西部地区的专业型人力资本向中部地区迁移，这样既能避免人力资本的浪费，还能在一定程度上完善中部地区的人力资本结构。与之相反的是，中部地区的基础型人力资本和技能型人力资本需要向东西部地区迁移。

第二，加大中西部地区的人力资本投入。一方面要加大健康人力资本方面的投入，另一方面要加大教育人力资本的培养。因为从长远来看，要实现本地区经济的快速稳定增长，除了物质资本的投入，归根结底还要靠本地区人力资本的增长。

第三，调整区域内的经济结构，特别是中部地区。我国各地区的基础型人力资本和技能型人力资本之和都占了人力资本总量的一半以上，也就是说，一半以上的劳动力人口都属于低层次的基础型人力资本和中层次的技能型人力资本，东西部地区低层次的基础型人力资本和中层次的技能型人力资本都能对经济增长起正面的促进作用，但中部地区这两类人力资本与经济增长都呈负相关，说明中部地区的经济结构是存在问题的。由于人力资本的培养是一个长期持续的过程，地区内人力资本结构短期内也无法调整，所以针对中部地区的实际情况，除了促使基础型人力资本和技能型人力资本向更高层次的专业型人力资本转换，还需要对地区内的经济结构进行调整。中部地区可以承接一些东部地区转移过来的劳动力密集型产业，这样一方面可解决基础型人力资本和技能型人力资本的就业问题；另一方面也可避免东部地区的劳动力密集型产业过于集中，造成东部地区的用工成本持续升高。

第十一章

人力资本与产业结构的匹配发展
——以贵州省为例

一 贵州省产业转型升级背景

1. 贵州省概况

随着互联网的发展，世界贸易一体化进程的加快，产业经济的国内外政治、经济环境都发生了深刻变化。随着国际贸易摩擦加剧、国内人口红利的消失，原有的增长方式受到环境保护、人口老龄化、大城市病等因素的约束越来越强，我国经济增长速率逐步放缓，增长方式从速度型向提质增效型转变。

贵州作为我国西部内陆的一个省份，地理条件上，无平原支撑，山地省份；地理位置上，虽然属于西南地区，但不属于边疆地区，无法享受相应政策；人口数量上，属于人口小省，劳动力优势不突出；经济体量上，省内GDP长期属于国内靠尾位置。尽管存在种种困难和局限，但在经济新常态下，从生态发展的新角度出发，贵州又具备独特的优势。

农业方面，贵州省人均耕地少，且土层薄、土地多贫瘠，人地矛盾十分突出，存在大量农村剩余劳动力。工业方面，工业规模较小，且基础薄弱，高新技术产业偏少，全省工业的整体技术含量偏低。第三产业方面，体量和劳动力需求方面都具有一定规模，特别是近年来旅游业发展迅猛，但也存在着体量大、发展质量低的问题。劳动力方面，全省人口3800多万，以农业人口为主，但农业人口又以务工为主，留守儿童、老人问题突出。基于上述事实，本章从贵州的产业升级和劳动力结构角度出发，分析两者如何在保生态、促发展的约束下联动发展，实现贵州经济的“弯道取直”。

2. 贵州省产业转型升级的国内外环境

受国内外政治经济环境的影响，我国经济正处在新的转型时期，经济增长方式转变，也就是“经济新常态”。赵峰、李彬（2018）认为经济新常态的特征包括四个方面：其一，经济增长速度的转型，经济增速从高速增长向中高速转变；其二，经济增长方式上的转型，经济增长方式将从粗放型向效率、质量提高型转变；其三，经济增长结构上的转型，经济增长结构将从调整增量向更加注重产能优化的方向转变；其四，经济增长动力上的转型，创新将成为经济增长的最主要动力。赵峰等人的解释实际上总结了学者们对经济新常态的种种解读。经济新常态一个必然的要求就是产业的结构升级，产业升级转型又必然伴随着劳动力需求、供给结构的改变，产业升级和劳动力结构变革实际上是一个相互促进的联动过程。

具体到产业结构和劳动力结构升级，由于我国各省份具体情况不一，升级转变的方式和方向也必然不同。贵州作为我国西南地区一个无平原的山地省份，基本省情是：贫困、落后、欠发达、欠开发。全省以农业人口为主，但人均耕地少，且土层薄、土地多贫瘠，人地矛盾十分突出，存在大量农村剩余劳动力，工业规模较小，并且基础薄弱。省情决定了贵州的产业升级必然不能照搬东中部地区的模式。

现代经济学的研究可以归纳概括为集中于三个市场：产品市场、资本市场和劳动力市场。从众多的经济模型（如C—D模型）分析，学者们主要研究三类要素：技术、物质、劳动力（也称人力资本）之间的相互匹配问题，或对其中的某个变量单独分析，如对全要素生产率的研究（岳书敬、刘朝明，2006）。

关于劳动力的研究最早可以追溯到1886年美国学者埃利·理查德出版的《美国劳工运动》一书，他分析了美国劳动力市场上工会的作用。1925年，布卢姆《劳动经济学》一书的出版标志着劳动经济学作为一门独立的学科正式出现，此后大量学者在这一领域围绕就业、工资、劳资关系、劳动保障等方面做了大量研究。

随着研究的深入与细化，对劳动力的研究分为中宏观和微观两个方面。

中宏观方面，主要研究大区域范围内社会保障、人力资本及结构对经济增长的影响等；微观方面，主要研究企业的人力资源、组织结构、薪酬制度等。关于人力资本，首先是由美国经济学家舒尔茨（1961）提出并界定，指附着于人身上的能力，包括知识、体力、经验和技能等，形成途径包括教育投入、健康投入、“干中学”和劳动力迁移。

早期的相关研究，劳动力作为生产要素的一部分，研究其对社会经济的影响是仅考察数量方面，如计算劳动参与率、劳动年龄人口数、失业率等。早期的人力资本理论研究，也主要关注劳动力的数量。显然，由于受教育年限、培训、健康水平等方面的差异，个体之间的人力资本是不相同的。1999年，丁虹栋等人提出了“人力资本异质性”这一概念，但难点在于中宏观的研究方面，要精确地测量各异质性人力资本的总存量几乎不可能，也没有太大必要，毕竟经济理论只是对现实生活的高度模拟和合理化解释，而非精确计算。所以，研究劳动力与产业结构匹配等经济增长的关系，劳动力一般用人力资本衡量，大致可以划分为理论研究和实证研究两类。

二　贵州省产业发展情况

1. 产业结构升级的影响因素

产业结构升级是多种因素相互作用的结果，从经济增长的因素看，与投资、消费和出口都有关联，具体可以归结为四个方面：需求、供给、国际贸易和政策。

（1）需求

需求对产业起到拉动作用，通过需求的拉动带动产业规模的变动和结构的升级。需求的变动分两个方面：总量变动和结构的变动，两者对产业调整起不同作用。总量决定生产什么、生产多少的问题，某种产品需求总量的扩大必然会引起这一产业厂商规模的扩大和厂商数量的增加；反之，某种产品的需求总量缩减时，这一产业的厂商规模和数量也会随之缩减。产品需求总量的变化，导致了相关产业的繁荣和衰退。

需求具备层次性，其变动也会影响产业结构的变化。随着城乡居民收入的增加，原有的需求得到满足后必然会产生新的需求和需求的升级，这点从家电下乡、汽车下乡等现象就可以得到验证。正是由于城乡居民需求结构的升级，引起了我国家电、汽车等相关产业的升级，具体表现是相关产品品牌更多、产品质量更高，部分产品达到了国际一流水准。从实际看，城乡居民消费正渐渐向服务业延伸，这一变化引起了旅游业、娱乐业、餐饮业、金融业等行业快速发展。

（2）供给

在经济运行的过程中，除需求的拉动外，供给也会推动产业结构的升级，主要因素包括自然资源禀赋、技术、人力资本。

自然资源禀赋。自然资源的分布或多或少对一地区的产业结构布局产生重要影响，特别是对严重依赖资源的重工业或制造业的布局产生重要影响，如钢铁、煤炭产业。随着物流业的发展，对自然资源禀赋的依赖有所减少，但从成本节约的角度出发，产业布局、结构的升级还是与自然资源息息相关。

技术进步。首先会导致需求结构发生变化，技术进步必然会带来一些新的产品，新的产品带来新的需求，新需求会促使整个产业发展。随着技术的进步，产品不断更新换代，也会促使产业结构升级。

人力资本。当地人力资本的水平和结构是地区产业发展的一个重要约束性因素。劳动力匮乏，但人力资本层次很高的地区更有可能发展资本密集型产业。劳动力数量众多，但人力资本层次较低的地区更有可能发展劳动力密集型产业。地区产业结构的升级，除硬件设备的升级外，最重要的是劳动力素质及人力资本的升级。

（3）国际贸易

随着国际贸易不断深化和发展，国家间的贸易分工逐步明确。因此，地区的产业结构升级也受到世界各国产业结构的影响。按照优势互补的原理，在自由的国际贸易环境下，各国都会选择发展自己的优势产业，出口自己的优势产品，从而带动相关产业集聚式发展。进口自己稀缺的资源或者稀缺资源生产的产品，会抑制国内该产业的发展。通过优劣势互补，达到互通有无，成本最优的目的。

（4）政策

政府的产业政策对地区产业结构的发展有宏观指导性作用，产业政策代表政府的宏观布局和产业发展的意志，是地区产业发展的导向。因此，地区的产业发展，不能脱离或忽视政府产业政策。

2. 贵州省产业体系整体分析

（1）贵州整体产业构成

2016年全省整体产业总产值构成的情况如图11-1所示。从构成情况来看，第一、二、三产业的构成比例为：16.5%、31.6%、52%，农业比重偏大（全国平均约13%），工业比重偏低，第三产业发达。第三产业主要又以非营利性服务业、物流业（交通运输、仓储和邮政业）、建筑业、营利性服务业、批发和零售业为主，主体还是传统产业，金融业比重和增速都较低。

（2）三次产业对地区经济增长的拉动

从贵州的生产总值来看，2012年至2016年，各年份地区生产总值的增长速度分别为13.6%、12.5%、10.8%、10.7%、10.5%，可以看出，各年份的增长速度远高于全国平均水平，但正在逐年下降。

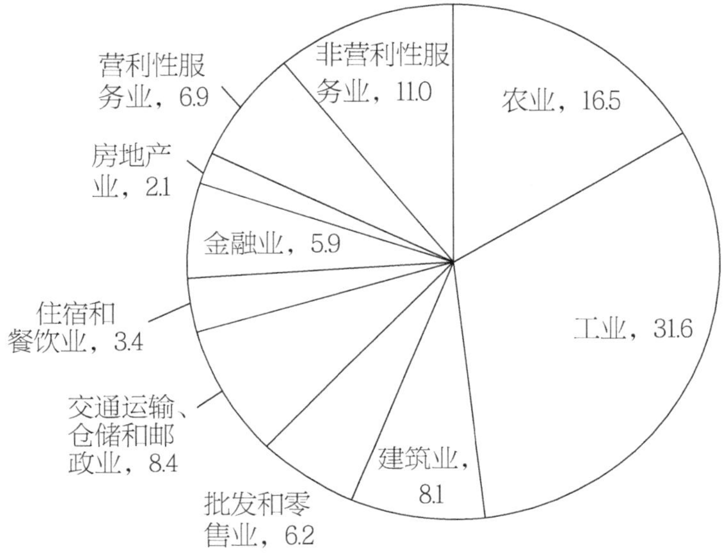

图11-1　贵州全省各产业构成占比

具体到三次产业对全省生产总值增长的拉动，从2012年至2016年，第一产业各年份的增加值分别为1.1%、0.6%、0.7%、0.6%、0.9%；第二产业各年份的增加值分别为6.7%、5.9%、5.1%、4.8%、4.4%；第三产业各年份增加值分别为5.8%、6.0%、5.0%、5.3%、5.2%。可以看出，三次产业的增加值都在减少，第一产业对地区生产总值拉动的贡献较少。各年份波动明显，从2C12年的1.1%到2013年、2015年的0.6%，变化幅度高达45.5%；第二产业逐年下降，5年下降了34%；第三产业虽然也呈下降趋势，但变动幅度相对较小，最大变动幅度为16.7%。从结构上看，由于第二产业稳定下降并且下降幅度过快，三次产业的构成从“二三一”结构变为“三二一”结构。

（3）贵州重点产业整体分析

2010年贵州省经信委发布了《贵州省工业十大产业振兴计划》，十大产业包括：电力产业、煤炭产业、化工产业、装备制造业、冶金产业、有色产业、建材产业、烟酒产业、新兴产业、民族医药和特色食品及旅游商品为主的特色产业。通过对2012年至2016年贵州省按行业分规模以上工业增加值及增长速度的分析，贵州产业重点集中在煤炭、电力、冶金、化工、装备制造、烟酒茶、食品、医药等传统产业。

煤炭、烟酒茶、化工、冶金、电力五个产业工业总产值占比较大，但相较于2015年，2016年煤炭和烟草出现了负增长，其中烟草下降幅度较大，达-8.9%，煤炭负增长较小，为-0.9%，其他产业各年份都呈正增长。

由于统计口径的因素，包括新材料、电子及新一代信息技术、先进制造、生物技术、节能环保、新能源、新能源汽车、现代服务业等在内的新兴产业并没有给出直接统计数据。本研究以汽车制造、计算机、通信和其他电子设备制造、 废弃资源综合利用等产业的数据替代反映新兴产业的发展情况。从产业值上看，新兴产业的规模整体偏小；从发展速率来看，汽车制造、计算机通信、废弃资源综合利用等领域增长迅速，明显优于传统产业。

采用产业竞争力指标模型对贵州省九大产业2016年各项数据进行对比分析，如表11-1所示。模型选用了三个一级指标：经济规模指标、经济效益指标、基础竞争指标；六个二级指标：工业总产值、固定资产投资、总资产、主营业务收入、利税总额、企业单位数，权重计算采用熵值法。新兴产业的指标以汽车制造、计算机通信、废弃资源综合利用等领域的指标代替。九大产业中，综合得分处于第一梯队的为：烟酒茶、电力和煤炭，这三大产业在经济规模、经济效益方面均处于全省前列，属于全省经济的主要支柱产业。装备制造、化工和冶金综合得分处于第二梯队，经济规模处于上游，但经济效益中的利税总额偏低。医药、新兴产业、食品综合得分处于第三梯队，经济规模、经济效益偏小，但以电子信息为主体的新兴产业发展迅速。

表11-1　贵州省重点产业省内竞争力综合得分及排名

一级指标	二级指标	权重	煤炭	电力	冶金	化工	装备制造	烟酒茶	食品	医药	新兴产业
经济规模指标	工业总产值	0.08	1.60512	1.35554	1.1793	0.83146	1.07527	1.38999	0.18521	0.4515	0.52903
	固定资产投资	0.13	0.33183	0.52532	0.14938	0.15454	0.14963	0.28335	0.05703	0.10976	0.08245
经济效益指标	总资产	0.19	2.2492	3.44829	0.91333	1.33264	1.15202	2.15687	0.10576	0.44109	0.23208
	主营业务收入	0.08	1.34735	1.28095	1.05445	1.03981	0.96263	1.27094	0.1649	0.38189	0.4482
	利税总额	0.42	0.15526	0.11873	0.06134	0.06746	0.06522	0.73839	0.02363	0.07676	0.01404
基础竞争指标	企业单位数	0.10	0.666	0.288	0.231	0.245	0.504	0.468	0.143	0.139	0.133
综合得分			0.84	1.01	0.42	0.48	0.48	1.02	0.08	0.21	0.15
排名			3	2	5	4	4	1	8	6	7

（4）贵州各地市州产业结构及增长速度分析

贵州各地市州相关经济指标如表11-2所示。六盘水、遵义产业结构为“二三一”结构，其他地市州均为“三二一”结构。其中仅贵阳、六盘水两地第二、三产业的比重相对较高，其他地区第二、三产业比重均偏低，即第一产业所占比重太大。从各指标的增长速率看，各地区固定资产投资除毕节外增长速度均在20%以上；社会消费品零售总额增长率均在12%以上，地区生产总值增速均在11%以上，说明贵州全省经济增长主要依靠固定资产投资和消费拉动，特别是固定资产投资的推动作用明显。从投资和消费的规模来看，排在前列的依次为：贵阳、遵义、毕节、六盘水；地区经济增长速度最快的是黔西南和黔东南。黔西南和黔东南共同的特征是固定资产投资、消费的规模偏小，第二产业比重偏低，从数据上说明基础薄弱地区比贵阳等相对成熟地区更具发展潜力。

表11-2　贵州各市州相关经济指标

地区	固定资产投资（亿元）	比上年增长（%）	社会消费品零售总额（亿元）	比上年增长（%）	地区生产总值增速（%）	三次产业构成比
贵阳	3380.73	20.5	1195.34	12.7	11.7	1：8.89：13.14
六盘水	1357.77	22.0	331.79	13.3	12.0	1：5.26：4.21
遵义	2068.88	22.1	723.44	13.0	12.4	1：2.87：2.62
安顺	652.95	21.9	176.31	13.1	12.4	1：1.83：2.82
毕节	1601.82	19.1	340.15	12.6	12.1	1：1.79：1.93
铜仁	873.89	21.8	187.09	12.9	11.9	1：1.20：2.03
黔西南	800.16	22.3	216.82	12.8	13.3	1：1.58：2.34
黔东南	997.76	22.4	290.16	13.4	13.3	1：1.42：2.68
黔南	1053.58	22.0	247.91	13.2	12.5	1：1.96：2.62

数据来源：《贵州统计年鉴》相关数据及计算所得

3. 贵州省各地市州产业发展分析

（1）产业体系分析模型的构建

产业体系分析较多采用产业体系的三维模型，三维包括协调度、集聚度、竞争度，模型分析三维度之间的有效运转。其中协调度反映产业结构的合理化程度，合理的产业体系结构可提升产业竞争力；集聚度推动产业价值链的延伸，从而进一步推动产业竞争力。

（2）各地市州产业体系发展指数测算

本研究关于地区产业体系的评价指标体系包括三个维度：协调度、集聚度、竞争度；12个一级指标：区域结构协调、产业结构协调、劳动力结构协调、信息化结构协调、载体集聚度、交通集聚度、金融聚集度、自主创新力、效益贡献力、进出口竞争力、对外开放、固定资产投资；26个二级指标，核心指标为协调度，衡量城市群资源的有效利用率，外围指标为集聚度和竞争度，衡量城市群的经济社会效益。如表11-3所示。

表11-3　地区产业体系的评价指标体系

指数	维度	一级指标	二级指标
城市群现代产业体系发展指数	协调度	区域结构协调	城市人均GDP（元/人）
			城镇化率（%）
		产业结构协调	一产增加值（亿元：人民币）
			二产增加值（亿元：人民币）
			二产增加值 / 一产增加值
			第三产业增加值占GDP比重（%）
		劳动力结构协调	农业从业人数（万人）
			工业从业人数（万人）
			工业从业人数 / 农业从业人数
			第三产业劳动力占总劳动力的比重
		信息化结构协调	计算机、通信和其他电子设备制造业增加值的工业增加值占比
			互联网入户比（%）
	集聚度	载体集聚度	国家级开发区数量占比（%）
			省级开发区占比（%）
		交通集聚度	公路通车里程（千米）
			高速公路里程（千米）
		金融聚集度	人均金融机构人民币各项贷款余额（万元）
	竞争度	自主创新力	研究开发经费支出占GDP的比例（%）
			R&D人员在工业从业人员占比（%）
			高新技术产业子总产值占地区总产值比重（%）
			高校在校生与常住人口占比（%）
		效益贡献力	单位地区生产总值能耗（吨标准煤/万元）
		进出口竞争力	出口总额（亿元：人民币）
			进口总额（亿元：人民币）
		对外开放	实际利用外资（亿元：美元）
		固定资产投资	固定资产投资额（亿元：人民币）

指标数据采用2016年数据，数据来源于《贵州统计》和相关的统计公报，采用熵值法计算各指标的权重。按照熵值法的计算特性，熵值越小代表确定性越大；反之，不确定性越大。

采用熵值法计算贵州各区域产业体系的评价指标体系中12个一级指标的权重，样本对象为贵州9个地市州。计算过程中将区域产业体系的评价指标体系中12个一级指标由26个二级指标算术平均并加权，计算结果如表11-4所示。

表11-4　2016年贵州9个地市州产业体系发展指数

	评价指标	熵值	权重%	贵阳	六盘水	遵义	安顺	毕节	铜仁	黔西南	黔东南	黔南
协调度	区域结构协调	0.98	1	32.69	27.47	25.34	22.08	19.51	20.83	23.15	20.6	22.6
	产业结构协调	0.93	7	121.99	103.31	90.02	76.27	98.08	78.19	80.29	78.23	87.17
	劳动力结构协调	0.97	3	89.51	85.25	116.07	83.46	111.84	92.78	90.27	90.95	92.10
	信息化结构协调	0.86	6	47.62	39.40	54.21	57.56	45.65	45.17	32.47	25.96	30.92
	协调度指数			4.02	3.68	4.24	4.05	3.98	3.46	2.62	2.45	2.76
集聚度	载体集聚度	0.69	14	67.93	21.13	58.16	50.37	14.90	20.46	22.69	24.62	21.44
	交通集聚度	0.97	2	39.21	34.53	58.81	37.53	55.50	54.51	37.38	59.30	48.05
	金融聚集度	0.97	1	20.48	17.81	27.74	17.59	24.64	29.98	20.80	29.97	24.69
	聚集度指数			5.08	0.67	5.57	4.31	0.79	0.89	0.73	0.99	0.83
竞争度	自主创新力	0.63	34	104.91	62.30	58.72	92.00	42.44	55.10	48.63	43.47	43.42
	效益贡献力	0.7	7	32.33	10.69	20.74	13.40	9.15	18.25	10.82	16.54	22.78
	进出口竞争力	0.88	6	57.20	41.12	46.50	49.72	43.75	45.39	34.75	33.86	32.91
	对外开放	0.3	16	15.86	11.52	24.00	9.16	0.28	3.02	0.27	0.02	1.08
	固定资产投资	0.91	4	36.78	22.18	25.10	17.07	19.96	9.81	16.85	20.77	23.63
	竞争力指数			15.41	7.18	11.42	11.10	5.28	6.28	5.58	5.22	6.21
城市群现代产业体系发展指数				24.51	11.53	21.23	19.46	10.05	10.64	8.93	8.66	9.80
城市群现代产业体系发展指数排名				1	4	2	3	6	5	8	9	7

（3）结果分析

如表11-4所示，从地区产业发展体系综合得分排名来看，排名依次为：贵阳、遵义、安顺、六盘水、铜仁、毕节、黔南、黔西南、黔东南。对比表11-2和表11-4的对比可以看出，地区产业发展体系综合排名与固定资产投资规模、社会消费品零售总规模排名并不一致，说明地区产业发展体系的发展水平与固定资产投资规模、社会消费品零售总规模并非是完全的正相关关系，它还受产业协调度、集聚度、竞争度等因素的影响。

从产业协调度这一核心指标的排名来看，依次排名为：遵义、安顺、贵阳、毕节、六盘水、铜仁、黔南、黔西南、黔东南。比较贵州各地市州产业发展体系综合排名与产业协调度两项排名，发现两者并不一致。贵阳产业发展体系综合排名第一，但产业协调指数低于遵义和毕节，说明贵阳的产业协调度并不好，综合排名第一得益于较好的产业集聚度和竞争度。下一步贵阳产业的发展重点除要注重规模效应，还要更加注意产业间的协调度，做好优化。毕节的产业发展体系综合排名落后于六盘水和铜仁，但产业协调又优于六盘水和铜仁，说明毕节的产业协调度较好，但产业竞争力和集聚度还有差距。这反映了毕节产业发展水平较低，同时对人才的吸引等集聚度不够。从产业协调度的得分情况来看，第一梯队为遵义、安顺、贵阳；第二梯队为毕节、六盘水、铜仁；第三梯队为黔南、黔西南、黔东南。

从集聚度排名来看，可以分为两个层次，集聚度较高的为遵义、贵阳、安顺，其他六个地市州集聚度都较差，并且差距不大。从竞争力指数来看，第一梯队为贵阳、遵义、安顺；第二梯队为六盘水、铜仁、黔南；第三梯队为黔西南、毕节、黔东南。

从地区产业发展体系综合得分及三项指标的排名来分析，地区的落后往往是产业协调度、集聚度和竞争度等全方位的落后。要补齐地区经济发展的短板，不仅要从产业规模，还要从产业协调度、集聚度和竞争度等方面统筹协调。

综合以上数据分析，贵州全省“三二一”型的经济结构已基本形成，经济增长速度较快，但基本为固定资产投资拉动，并且工业对经济增长的贡献正逐年快速下滑。在国内外政治经济环境下，结合贵州产业发展的基础及现代产业未来发展的趋势，本研究认为，贵州应重点发展十大先导产业：高端制造业、大数据电子信息产业、新能源汽车、节能环保、新材料、新能源、医药制造、新型健康、人工智能和数字创意。从贵州各地的竞争力分析来看，各地应当注意产业集聚和产业链条的延伸，加强自主创新能力和对外开放程度，增加地区竞争力。

三 贵州省劳动力总量和结构的考察

1. 人力资本对产业结构升级的影响

人力资本水平的提升是促进地区产业结构优化升级的一个重要内生因素，产业结构优化升级是一个战略转型的过程，升级的过程既包括产业规模、结构的调整，固定资产硬件的升级，还包括产业工人、企业经营管理者等在内的人力资本的升级。人力资本提升对地区产业结构升级的影响途径遵循的传导逻辑是：人力资本投资—人力资本提升—地区人力资本水平、结构提升—促进产业结构优化升级。人力资本水平的提高与以技术进步为代表的产业结构优化升级相适应，较高的人力资本提高了产业结构升级的弹性。较高的人力资本对新技术、新生产模式的适应性更强，有利于产业结构升级中新技术、新生产模式的迅速推广和应用，即人力资本水平的提升与产业结构升级的要求相匹配。

人力资本提升可提高产业变革的内生动力。产业结构的调整更多需要依靠内生变革快速适应市场。技术创新、体制和机制创新是企业保持活力、适应产业变革的根本要求，创新又离不开人力资本，特别是高水平人力资本的支撑。

人力资本提升可提高产业优化的承受力。产业结构的优化升级将产生两个方面的影响：一是原有的产品、产业在种类、规模上发生变化，即淘汰或缩减落后产业、产能，发展壮大新兴产业、产能；二是在生产技术、生产方式上发生变化，产业的变化必将带来生产技术和生产方式的变化。在产业优化过程中，必将对原有的产业、产业工人造成冲击。在此过程中，地区人力资本水平越高，产业工人的适应性将越强，产业优化升级的阻力将越小。

人力资本的形成主要来自正规的学校教育，教育资源的多少影响人力资本的水平。

2. 贵州省的教育资源情况

2017年，贵州普通高等学校（包括大学、高职、高专）数量为64所，中等职业技术学校195所，普通中学（包括初中、高中）2536所，小学78148所。除高等学校的数量较历史有较大数量增长外，中等职业技术学校由于合并重组等因素，数量有所减少，中小学校也由于学校合并、生源减少等原因数量大幅减少。贵州省高校的数量仅占全国2%左右，远低于全国平均水平。

从历史数据的纵向对比来看，1978年至2015年，贵州省专任教师数量不断增加。1978年，普通高等学校专任教师数为0.38万人，中等职业教育专任教师数为0.23万人，普通中学为5.42万人，小学为15.59万人；2015年，普通高等学校专任教师数为3.05万人，中等职业教育专任教师数为1.78万人，普通中学为17.99万人，小学为19.35万人。1978年至2015年，普通高等学校、中等职业教育、普通中学、小学专任教师数分别增加了2.67万人、1.55万人、12.57万人和3.76万人，增幅分别为702.63%、673.91%、231.92%和24.12%。教师数量增长的主要原因是受教育群体的数量增加。

从学生数量来看，1978年至2015 年，贵州小学在校学生数波动变化，总体呈下降趋势；普通中学在校学生数变化幅度较大，呈上升趋势；中等职业教育和普通高等学校基数小，但变化幅度大，呈不断增长的趋势。1978年，小学在校学生数为423.6万人，普通中学为13.17万人，中等职业教育3.05万人，普通高等学校为1.33万人；2015年，小学在校学生数为346.31万人，普通中学为295.86万人，中等职业教育为60.25万人，普通高等学校为50.09万人。小学在校学生数呈下降趋势，降幅达18.25%，这可能与20世纪80年代初期开始的计划生育政策有关；普通中学、中等职业教育和普通高等学校在校学生数增幅分别达2146.50%、1875.41%和 3666.17%，这从一定程度上也说明了受教育主体的教育年限在延长。

从生师比的情况看。贵州普通小学、初中、高中和中等职业教育高于全国平均水平；普通高校低于全国平均水平。从就业人口的受教育水平来看，贵州就业人口中不识字的比例大幅下降，从1996年的28.7%下降到2014年的5.4%，下降幅度达81.18%。整体上看，就业人口的受教育年限逐年增加，主要表现为小学教育的就业人口比例大幅下降，初中和中等职业教育毕业的就业人口比例大幅增加，高等教育的就业人口比例快速增加，但占整体就业人口的比例不大。从上述数据反映，贵州义务教育的普及率得到了大幅提高，中等职业教育和高等教育也得到快速发展，但高等教育规模还是偏小。在就业人口中，研究生学历的就业人口数量出现增加，但所占的比例太小。

3. 贵州省的人力资本投入

本研究采用2007年至2016年的教育投入数据。2007年，贵州全省预算内教育经费投入为166.27亿元。整体上看，全省教育经费投入逐年增加，其中2011年和2012年增长显著。由于统计口径变化或数据缺失，本研究采用的计算方法为：生均教育经费=国家财政性教育经费÷每十万人口各级学校总在校生数×地区总人口÷100000。据此得出贵州2016年的生均教育经费为5083元。

4. 贵州省的人力资本构成

表11-5　1996—2016年贵州就业人口受教育程度构成（单位：%）

年份	不识字	小学	初中	高中（含中等职业教育）	大专及以上
1996	28.7	36.2	24.2	8.5	2.4
1997	24	42.9	23.7	6.6	2.8
1998	28.1	38.2	25	6.6	2.2
1999	22.8	40.7	26	7.8	2.7
2000	22.9	43.3	24.7	6.5	2.6
2001	18.8	40.6	28.5	7.5	4.6
2002	16.5	38.8	32.8	7.3	4.6
2003	16.3	37.7	30.4	8.4	7.2

续表

年份	不识字	小学	初中	高中（含中等职业教育）	大专及以上
2004	13.7	38.5	34.6	7.2	6
2005	20.0	41.3	28.2	6.0	4.6
2006	17.4	41.9	32.3	5.1	3.4
2007	14.5	41.9	33.8	5.5	4.3
2008	12.6	39.0	38.0	5.8	4.5
2009	11.2	40.8	38.9	5.4	3.7
2010	11.0	39.6	35.8	6.5	7.1
2011	7.6	33.3	43.1	7.6	8.4
2012	5.1	33.4	44.9	8.4	8.2
2013	3.6	31.6	47.7	7.8	9.36
2014	5.4	31.1	45.0	8.3	10.19
2015	10.93	34.73	35.23	10.66	8.45
2016	9.70	34.7	35.90	10.90	8.8

数据来源：《贵州统计年鉴》数据及相关计算

人力资本是具备“异质性”的，这一点丁虹栋等人已明确提出。关于人力资本的分类，陈浩（2007）等人按参照马斯洛需求层次理论或参照人力资本所从事的职业进行了不同分类。本研究中，按照人口的受教育年限将人力资本分为三个层次：基础型人力资本、技能型人力资本和高层次人力资本。基础性人力资本指就业人口中仅接受9年及以下教育的人口；技能型人力资本指就业人口中接受过中等职业教育或高中教育的人口；高层次人力资本指就业人口中接受过高等教育的人口。

表11-6 1996—2016年贵州省人力资本构成（单位：%）

年份	基础型人力资本	技能型人力资本	高层次人力资本
1996	89.1	8.5	2.4
1997	90.6	6.6	2.8
1998	91.3	6.6	2.2
1999	89.5	7.8	2.7
2000	90.9	6.5	2.6

续表

年份	基础型人力资本	技能型人力资本	高层次人力资本
2001	87.9	7.5	4.6
2002	88.1	7.3	4.6
2003	84.4	8.4	7.2
2004	86.8	7.2	6
2005	89.5	6	4.6
2006	91.6	5.1	3.4
2007	90.2	5.5	4.3
2008	89.6	5.8	4.5
2009	90.9	5.4	3.7
2010	86.4	6.5	7.1
2011	84	7.6	8.4
2012	83.4	8.4	8.2
2013	82.9	7.8	9.36
2014	81.5	8.3	10.19
2015	80.89	10.66	8.45
2016	80.3	10.9	8.8

数据来源：《贵州统计年鉴》数据及相关计算

从表11-6可以看出，贵州的人力资本结构中以基础型人力资本为主，这部分人力资本所占比重虽然逐步下降，但至2016年，这部分人口占就业人口比例还高达80.3%。技能型人力资本所占比重除在部分年份波动比较剧烈，基本保持平稳，整体比重略有上升。关键性的高层次人力资本整体呈波动式上升态势，但在就业人口中所占比重明显偏低。

从劳动人口数量看，贵州属于人口小省；从人力资本结构上来分析，贵州的基础型人力资本比重远高于全国平均水平；从教育资源看，贵州的教育资源与政府的教育投入均远低于全国的平均水平，由此导致的结果是贵州的人力资本存量低，结构不合理。

四　贵州省劳动力与产业结合分析

1. 分析模型及计量工具的选择

人力资本与产业是否匹配，可考察前文分析的三种要素对经济增长的影响，模型采用C—D函数的形式：

$$Y=AK^{\alpha}H^{\beta} \quad (11\text{-}1)$$

式（11-1）中，Y代表经济总量；A为技术进步率；K为物质资本；H为人力资本。

由于要考虑人力资本结构，设基础型人力资本H_1、技能型人力资本H_2和高层次人力资本H_3为线性组合：

$$H=H_1^{\phi}H_2^{\varphi}H_3^{1-\phi-\varphi} \quad (11\text{-}2)$$

式（11-2）中，ϕ、φ和$1-\phi-\varphi$分别为基础型人力资本H_1，技能型人力资本H_2和高层次人力资本H_3的产出弹性，将式（11-2）代入式（11-1），并对式（11-1）两边分别取对数，得：

$$\ln Y_t=C+\alpha\ln K_t+\beta\ln H_{1t}+\beta\ln H_{2t}+\beta(1-\phi-\varphi)\ln H_{3t}+\mu_t \quad (11\text{-}3)$$

C为常数，μ_t为随机扰动项，式（11-3）可变形为：

$$\ln Y_t=C+\alpha\ln K_t+\omega\ln H_{1t}+\zeta\ln H_{2t}+\upsilon\ln H_{2t}+\mu_t \quad (11\text{-}4)$$

式（11-4）为本研究的分析模型。本研究的研究数据属于时间序列数据，计量软件选用SPSS。

2. 指标变量

本研究采用的数据为贵州1996年至2016年的相关数据，数据来源包括《中国统计年鉴》《中国教育统计年鉴》和《贵州统计年鉴》等各年份的相关数据，或根据上述数据计算所得。研究中各符号的代表指标含义和数据的来源说明如下。

第一，Y_t为贵州第t年的经济总量，取实际GDP值，并按价格指数折算成1996年的值。

第二，K_t为贵州第t年的固定资产额，按照永续盘存法和价格指数折算成1994年的值。

第三，H_{1t}为贵州第t年的基础型人力资本存量，$H_1=9\times$义务教育水平的就业人口数量。

第四，H_{2t}为贵州第t年的技能型人力资本存量，$H_2=12\times$中等教育水平的就业人口数量（普通高中、职业中学等）。

第五，H_{3t}为贵州第t年的高层次人力资本存量，$H_3=16\times$高等教育文化水平的就业人口数量（大专、本科，研究生教育等）。

3. 回归分析的结果

采用SPSS 22.0对模型数据进行回归分析，结果如下：

$$\ln Y_t=13.25+0.54\ln K+0.27\ln H_1+0.11\ln H_2-0.03\ln H_3$$

（4.08）（5.06）（3.71）（7.34）（2.02）

$R^2=0.885$ $R^{-2}=0.883$ $F=326.54$

从回归分析的结果看，R^2和调整的R^2的值都很高，说明模型的拟合优度很好；F值显著，说明回归方程整体显著；除H_3的t值不大显著，其他变量的t值都显著，说明各解释变量对被解释变量的解释力度较好。

4. 计量结果分析

从模型回归的结果看，贵州的经济增长主要还是依靠固定资产推动，在劳动力方面，经济增长主要由基础型人力资本贡献，其次为技能型人力资本，高层次的人力资本与经济增长负相关。

模型的回归结果反向验证了贵州产业主要以劳动力密集型为主，这从基础型人力资本的贡献反映出来。部分产业开始向技术、资本密集型转变，但水平不高，这从技能型人力资本的有限贡献可以看出。高技术的资本密集型企业匮乏，这从高层次人力资本与经济增长负相关可以看出，产业经济中并未完全发挥高层次人力资本应有的作用，高层次人力资本并未对产业结构升级起到有效的拉动作用。人力资本、产业结构双低，两者还不匹配，造成高层次人力资本的浪费。

贵州产业结构以低水平的劳动密集型产业为主，高水平的技术、资本密集型产业匮乏，整体上看，贵州的劳动力结构、产业结构以低水平的人力资本和产业为主，产业结构和劳动力结构并不匹配。贵州高新产业的发展不足，造成了人力资本的浪费。反过来讲，高水平的人力资本并未对产业结构升级起到应有的作用。

五　贵州省人力资本与产业匹配发展的建议

1.研究结论

从贵州的产业情况来看，全省“三二一”型产业结构已基本形成，经济增长速度较快，但基本为固定资产投资拉动，并且工业对经济增长的贡献正逐年快速下滑。在现有的国内外环境下，结合贵州产业发展的基础及产业未来发展趋势，本研究认为贵州应重点发展新兴产业，主要为贵州省经济和信息化委员会发布的十大先导产业。从贵州各地的竞争力分析来看，各地应当注意产业聚集和产业链条的延伸，加强自主创新能力和对外开放程度，增加地区竞争力。

贵州属于劳动力人口小省，基础型人力资本比重远高于全国平均水平，教育资源和每年政府预算内教育经费的投入均远低于全国平均水平，由此导致贵州人力资本总体水平偏低。因此，本研究的一个基本结论就是：贵州的教育投入不足，人力资本的增量与全国平均水平相比增长缓慢，造成贵州人力资本存量水平低下；并且，贵州人力资本结构以基础型人力资本为主，结构质量偏低。

2. 对应政策建议

基于本研究对贵州劳动力和产业结构的考察研究，贵州经济实现持续增长及“弯道取直”的跨域式发展，可以对如下几个方面加以调整。

加快产业结构调整。在现有的国内外经济贸易环境下，结合贵州的产业结构现状可看出贵州产业参与国内区域经济竞争或国际贸易的竞争力薄弱。并且，由于贵州粗放产业经济的高成本、低质量，省外产品对贵州本地产业、产品的“挤占效应”将更加明显。对此，贵州应结合自身自然资源和产业优势，加快产业转型升级。依托贵州军工产业的优势，可大力发展高端制造、新材料等产业；依托贵州大数据发展的优势，可加快发展大数据电子信息、人工智能和数字创意产业；依托贵州优越的气候、良好的森林覆盖率和苗医苗药的优势，可延伸发展康养、旅游相结合的医药制造、新型健康、生态旅游等新兴产业；依托六盘水等地的煤炭资源，进一步延伸煤炭化工产业链，开发以新能源为主线的新能源汽车、节能环保产业。关于传统产业，可视规模，实行关、转、停。传统产业调整的原则是守住生态环保的底线，淘汰高能耗、高污染产业，培养、壮大现有产业，引导产业集聚和产业链延长。

加快劳动力的培养和培训。贵州劳动力层级、结构和产业层级、结构来看，处于双落后的局面。落后的劳动力不能促进产业发展，反而制约产业升级转型；落后的产业也不能拉动劳动力人力资本的提升，对高层次的人力资本缺乏吸引力。要改变这一局面，根本点是要提升本省劳动力人力资本水平。人力资本的培养存在滞后性，产业结构调整讲究时效性，所以在培养本省人力资本的同时，要加强对外省高层次人力资本的引进。结合本省的产业水平与结构以及产业规划，未来本省的产业不可能完全为高、精、尖产业，由传统产业转型而来并带有一定技术含量的产业还将占较大比例，也是本省劳动力就业的主要对象。因此，贵州省应当重视职业教育，特别是高等职业教育。从贵州产业结构看，“三二一”型产业结构已基本稳固，第三产业的从业人员将占劳动力的较大比重。随着第三产业的服务水平升级，未来对其从业人员的各方面要求将更高。对此，可适当加强劳动力培训、职业培训等项目的开展。

加强对劳动力的合理引导。产业结构调整需要一个过程，这一过程同时也是对落后劳动力不断淘汰的过程。在这一过程中，个体劳动力很难预先研判变化，而不会事先采取相应的对策，如事先提升本人的劳动技能或督促子女接受更多教育。因此，需要政府等公共部门事先做好宣传和引导。从贵州实际看，贵州属于农业省份，按照工业强省及产业转型升级的目标，全省人口，特别是农业人口，正处在从农业人口向现代产业工人转型的过程中。在这一过程中，农业人口对现代工业、劳动纪律的约束性并没有深刻认识，这从实地调研中众多生产企业强调产业工人的纪律意识淡薄可以得到验证。因此，对劳动力的合理引导，除生产厂商要起作用外，各级政府也要有所作为。

附件1　我国人口结构变化

一　我国人口结构及抚养比的变化（2001—2019年）

表1　我国人口结构的变化（2001—2019年）

年份	年末总人口数（万人）	0～14岁人口数（万人）	15～64岁人口数（万人）	65岁及以上人口数（万人）	总抚养比（%）	少儿抚养比（%）	老年抚养比（%）
2001年	127627.0	28716.1	89849.4	9061.5	42.0	32.0	10.1
2002年	128453.0	28773.5	90302.5	9377.1	42.2	31.9	10.4
2003年	129227.0	28559.2	90975.8	9692.0	42.0	31.4	10.7
2004年	129988.0	27947.4	92161.5	9879.1	41.0	30.3	10.7
2005年	130756.0	26543.5	94144.3	10068.2	38.8	28.1	10.7
2006年	131448.0	26026.7	95036.9	10384.4	38.3	27.3	11.0
2007年	132129.0	25633.0	95793.5	10702.4	37.9	26.8	11.1
2008年	132802.0	25232.4	96547.1	11022.6	37.4	26.0	11.3
2009年	133450.0	24688.3	97418.5	11343.3	36.9	25.3	11.6
2010年	134091.0	22259.1	99897.8	11934.1	34.2	22.3	11.9
2011年	134916.0	22261.1	100377.5	12277.4	34.4	22.1	12.3
2012年	135922.0	22427.1	100718.2	12776.7	34.9	22.2	12.7
2013年	136726.0	22423.1	101040.5	13262.4	35.3	22.2	13.1
2014年	137646.0	22711.6	101032.2	13902.2	36.1	22.5	13.7
2015年	138326.0	22857.8	100991.8	14476.4	37.0	22.6	14.3
2016年	139232.0	23251.7	100943.2	15037.1	37.9	22.9	15.0
2017年	140011.0	23521.8	100527.9	15961.3	39.2	23.4	15.9
2018年	140541.0	23751.4	100065.2	16724.4	40.4	23.7	16.8
2019年	141008.0	23661.1	99622.2	17724.7	41.5	23.8	17.8

数据来源：国家统计局网站

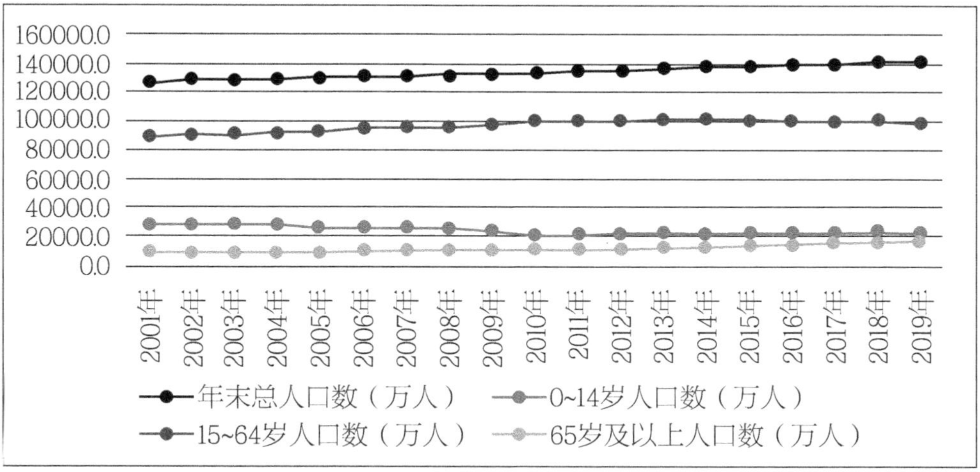

图1　我国各年龄段人口数量变化（2001—2019年）

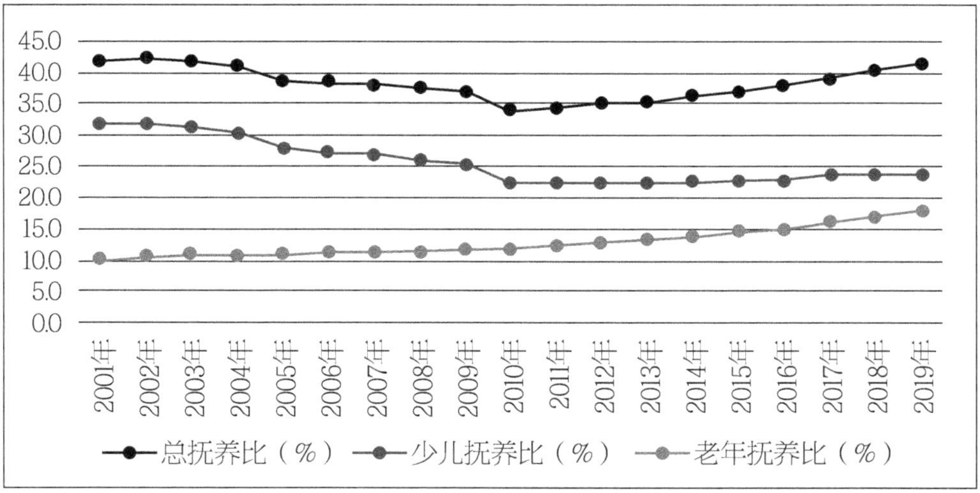

图2　我国总抚养比、少儿抚养比和老年抚养的变化（2001—2019年）

2019年，我国人口总数量为141008万人，较2001年的127627万人，增加了13381万人，平均年增长率为0.58%。2019年，我国0~14岁的人口数量为23661.1万人，较2001年的28716.1万人减少了5055万，平均年增长率为-0.98%。15~64岁的人口数量，2019年为99622.2万人，2001年为89849.4万人，2019年较2001年增加了9772.8万人，平均年增长率为0.60%。65岁及以上人口数量由2001年的9061.5万人增加到2019年的17724.7万人，增加了8663.2万人，平均年增长率为5.31%。从数据上看，我国年轻群体（0~14岁）的人口数量呈现负增长；年老群体（65岁及以上）的人口数量呈现高速正增长，远高于总人口增长率和其他年龄段人口增长率，这意味着我国的人口在过去的20年快速老龄化。

老龄化社会指某一国家或地区的老年人口数达到或超过该国家或地区总人口数一定比例的人口结构模型。按照联合国的传统标准，老年人口指60岁及以上的人口，当一个国家或地区60岁以上人口达到总人口数的10%，即认为该国家或地区为老龄化社会。随着人口寿命的增加，标准也有所变化，65岁以上老人占总人口数的7%，即认为该地区进入老龄化社会。

2000年，我国全国第五次人口普查数据显示，60岁以上人口达1.3亿人，占总人口数的10.2%，65岁以上人口达8811万人，占总人口数的6.96%，这两个数据显示我国已经进入老龄化社会。1953年，我国第一次人口普查，65岁以上老年人口为2620万人，2019年，我国65岁以上老年人口为17724.7万人，增长了6.77倍，年平均增长率为10.25%，远快于全国人口增长速度，占总人口的比重从4.4%提高到12.57%，提高了8.17个百分点。

据联合国的测算，1990年至2020年，世界老年人口平均年增长率为2.5%，同期我国老年人口的增长率为3.3%。世界老年人口占总人口数的比重从1995年的6.6%上升至2020年的9.3%，2019年，我国老年人口的比重达到了12.57%。我国老年人口的增长速度和比重都超过了世界平均水评，老龄化带来的一系列问题是我们必须面对和解决的。

从总抚养比、少儿抚养比和老年抚养比来看，从2001年到2010年，我国总抚养比和少儿抚养比的比例都在降低，少儿抚养比的下降速度高于总抚养比，而老年抚养比则一直处于上升状态，这表明我国少儿人口的比例不断下降，老年人口的比例不断上升，也表明未来青壮年劳动力数量的增长速度将明显放缓，并有可能出现负增长。2010年后，总抚养比、少儿抚养比和老年抚养比都呈上升态势，但老年抚养比的增长速度明显高于少儿抚养比，这说明近10年来我国社会老龄化还在加剧。以上现象带来了一系列社会变化，包括劳动力短缺、劳动力的人工成本不断上升、社会保障负担不断加重等。从政府层面，我国政府也出台了一系列的行动和政策，如2016年取消独生子女政策，全面实施一对夫妇可生育两个子女政策；2021年，实施一对夫妻可以生育三个子女政策及配套支持措施。同时，加强学前教育、义务教育等公共服务的供给，减轻父母对孩子的教育负担。在养老保障方面，积极推进养老保障模式的设计、试点等工作，尝试从多种渠道提供多元化的养老服务。

二　我国生育政策的历史沿革

中华人民共和国成立以来，在不同历史时期采取了不同的人口生育政策，各个阶段的人口生育政策都受到政治、经济环境的影响，符合当时的客观现实。

第一阶段，鼓励生育阶段（1949—1953年）。中华人民共和国成立之初，国家需要大量劳动力投入到生产和建设之中，当时劳动人口数量满足不了生产和建设的需求，因此国家全力支持和鼓励人口增长。

第二阶段，节制生育与反复阶段（1954—1959年）。在鼓励生育的政策下，我国人口出现了快速增长。国家意识到人口增长与经济发展的协同关系问题，开始支持节育。但1958年开始，人口继续快速增长。

第三阶段，计划生育思想复苏阶段（1960—1969年）。这一时期，政府提出在城市和人口稠密的农村，适当控制人口自然增长率，并将大力提倡晚婚作为调控人口增长的一项具体措施。

第四阶段，计划生育政策起步和趋紧阶段（1970—1984年春）。这一阶段为了保证计划生育政策顺利实施，国务院成立了计划生育领导小组，各地区也成立了计划生育工作机构。1980年，《中共中央关于控制我国人口增长问题致全体共产党员、共青团员的公开信》中指出："为了争取在本世纪末把我国人口控制在十二亿以内，国务院已经向全国人民发出号召，提倡一对夫妇只生育一个子女。"独生子女生育政策在城市执行较好，但在广大的农村地区，由于这一政策与农村生产实际和农民生育意愿的矛盾，政策贯彻执行遇到阻力。

第五阶段，计划生育政策调整阶段（1984—1999年）。为调节独生子女政策在农村执行难的问题，在农村适当放宽了生育二孩的条件。1991年，《中共中央 国务院关于加强计划生育工作严格控制人口增长的决定》又重申要坚定不移贯彻落实计划生育政策，保持政策的稳定性和连续性。

第六阶段，稳定低生育水平阶段（2000—2011年）。2000年，《中共中央国务院关于加强人口与计划生育工作稳定低生育水平的决定》指出"控制人口数量，提高人口素质，是实现我国社会主义现代化建设宏伟目标和可持续发展的重大战略决策。"2006年，《中共中央 国务院关于全面加强人口和计划生育工作统筹解决人口问题的决定》指出要继续稳定低生育水平。

第七阶段，鼓励生育政策阶段（2011年至今）。2013年11月，《中共中央关于全面深化改革若干重大问题的决定》提出，坚持计划生育的基本国策，启动实施一方是独生子女的夫妇可生育两个孩子的政策，逐步调整完善生育政策，促进人口长期均衡发展。2015年10月，《中国共产党第十八届中央委员会第五次全体会议公报》指出：促进人口均衡发展，坚持计划生育的基本国策，完善人口发展战略，全面实施一对夫妇可生育两个孩子政策，积极开展应对人口老龄化行动。2021年5月31日，中共中央政治局召开会议并指出，为进一步优化生育政策，实施一对夫妻可以生育三个子女政策及配套支持措施。

附件2　我国各层次教育情况变化

一　我国各层次教育毕业生数量的变化

表1　我国高等教育各层次毕业生数量的变化（2001—2019年）

单位：万人

年份	研究生毕业生人数	博士毕业生人数	硕士毕业生人数	普通本专科毕业生人数
2001年	6.7809	–	–	103.6
2002年	8.0841	–	–	133.7
2003年	11.1091	–	–	187.7
2004年	15.0777	2.3446	12.7331	239.1
2005年	18.9728	2.7677	16.2051	306.8
2006年	25.5902	3.6247	21.9655	377.5
2007年	31.1839	4.1464	27.0375	447.8
2008年	34.4825	4.3759	30.1066	511.9
2009年	37.1273	4.8658	32.2615	531.1
2010年	38.36	4.8987	33.4613	575.4
2011年	42.9994	5.0289	37.9705	608.2
2012年	48.6455	5.1713	43.4742	624.7
2013年	51.3626	5.3139	46.0487	638.7
2014年	53.5863	5.3653	48.221	659.4
2015年	55.1522	5.3778	49.7744	680.9
2016年	56.3938	5.5011	50.8927	704.2
2017年	57.8045	5.8032	52.0013	735.8
2018年	60.4368	6.0724	54.3644	753.3087
2019年	63.9666	6.2578	57.7088	758.5298

数据来源：国家统计局网站

从表1可以看出，我国2001年至2019年普通本专科的毕业生数量出现大幅增长。从增长幅度看，2001年至2008年要高于2008年之后的年份。1999年开始实施高等教育扩大招生人数的教育改革政策，但扩招达到一定数量后，高校出现承载力不足的问题，生师比指标、教学基础设施指标等都开始紧张，因此2008年之后，高校学生数量虽然还在逐年递增，但增幅较2008年之前明显放缓。从2001年到2019年，我国每年硕士研究生的毕业生数量和博士研究生的毕业生数量也在逐年递增。

从增速上看，2001年，我国本专科学生的毕业生数量为103.6万人，2019年为758.5298万人，2019年与2001年相比增长了654.9298万人，平均年增长率为40.68%。2001年，我国的研究生（含硕士研究生和博士研究生）毕业生数量为6.7809万人，2019年研究生毕业生数量为63.9666万人，2019年与2001年相比增长了57.1857万人，平均年增长率为52.41%。

从每年毕业生的总数量上看，本专科毕业生数量远高于研究生（含硕士研究生和博士研究生），但从总增长率和平均年增长率看，本专科毕业生的增长率都低于研究生。2003年，扩招后的第一批本科生就业，对就业市场形成了较大压力，相当一部分就业困难的学生选择暂缓就业，继续研究生阶段的学习；本科生毕业数量的扩大，也导致了意向继续研究生阶段学习的学生基数的扩大。

从博士研究生数量看，2004年的博士研究生毕业人数为2.3446万人，2019年为6.2578万人，2019年较2004年增加了3.9132万人，平均年增长率为17.79%。博士研究生的毕业人数和增长率都远低于本专科和硕士研究生。

表2　我国本专科层次毕业生数量变化（2001—2019年）

单位：万人

年份	普通本科毕业生人数	普通专科毕业生人数	成人本科毕业生人数	成人专科毕业生人数
2001年	568000	193000	–	–
2002年	656000	277000	–	–

续表

年份	普通本科毕业生人数	普通专科毕业生人数	成人本科毕业生人数	成人专科毕业生人数
2003年	930000	948000	–	–
2004年	1196000	1195000	540000	1356000
2005年	1466000	1602000	556000	1112000
2006年	1727000	2048000	218000	597000
2007年	1996000	2482000	675000	1090000
2008年	2257000	2863000	685000	1006000
2009年	2455000	2856000	865000	1078000
2010年	2591000	3164000	804000	1169000
2011年	2796000	3285000	755000	1151000
2012年	3038000	3209000	801000	1153000
2013年	3200000	3187000	811000	1187000
2014年	3414000	3180000	899000	1313000
2015年	3586000	3223000	962000	1400000
2016年	3744000	3298000	1022000	1423000
2017年	3842000	3516000	1091000	1379000
2018年	3868000	3665000	996000	1182000
2019年	3947000	3638000	1017000	1115000

数据来源：国家统计局网站

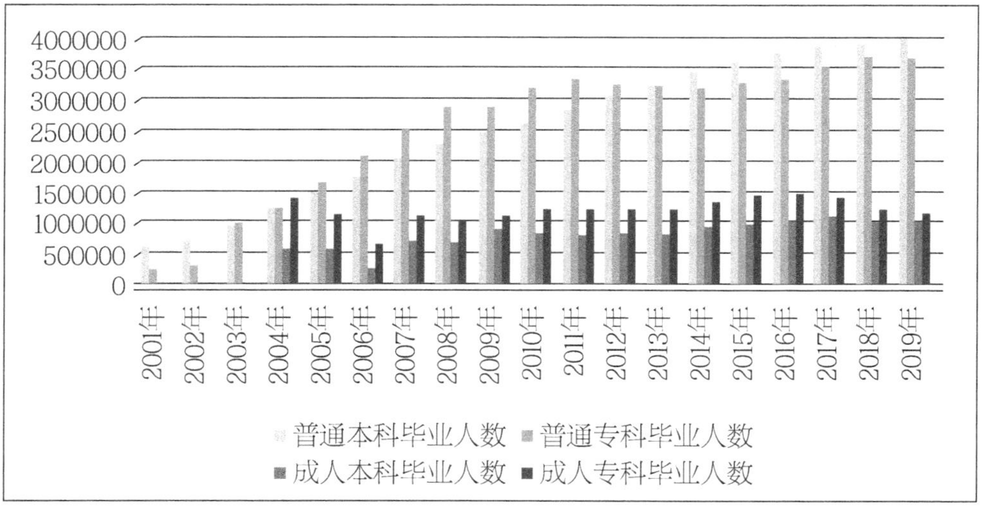

图1　我国本专科层次毕业生数量变化（2001—2019年）

比较本科和专科两个层次，2001年和2002年，我国本科生的毕业生人数远高于专科生毕业人数；2003年和2004年本科生的毕业生人数和专科生的毕业生人数大体相当；2005年到2012年，本科生毕业人数都低于专科生的毕业生人数；2013年到2019年，本科生的毕业生人数都高于专科生的毕业生人数。从成人教育看，成人专科毕业生人数一直高于成人本科毕业生人数。

表3　我国中等教育、网络专科和本科毕业生数量变化（2004—2019年）

单位：万人

年份	网络本科毕业生人数	网络专科毕业生人数	中等教育毕业生人数
2004年	21.1728	18.1987	3075.047
2005年	39.231	36.7317	3293.192
2006年	43.6707	44.841	3370.42
2007年	37.7161	45.1064	3406.058
2008年	40.3824	49.7698	3360.528
2009年	40.5549	57.7972	3311.55
2010年	42.2543	68.2986	3281.828
2011年	46.0149	83.9104	3266.596
2012年	47.7949	88.2921	3202.058
2013年	53.6702	102.406	3088.754
2014年	58.6272	107.5034	2892.889
2015年	64.9086	115.0671	2825.977
2016年	70.0906	117.3881	2785.633
2017年	65.9559	111.8346	2686.643
2018年	68.1915	126.7274	2653.279
2019年	80.1508	152.162	2750.922

数据来源：国家统计局网站

随着互联网、数字技术的发展，从学科知识的教育培训到技术、技能的培训，都能在互联网上找到相关渠道和资源。为了扩大招生规模，拓展收入来源，我国相当多的高等学校也开展了形式多样的网络教育。网络专科毕业生人数从2006年开始迅速且大幅超过网络本科毕业生的人数。网络中等职业教育毕业生人数经历了先上升后下降的历程，特别是2013年以后，毕业生的人数缩减非常快。

二　我国财政性教育经费投入的变化

表4　我国财政性教育经费支出（2007—2019年）

单位：万元

年份	国家财政性教育经费
2007年	82802142
2008年	104496296
2009年	122310935
2010年	146700670
2011年	185867009
2012年	231475698
2013年	244882177
2014年	264205820
2015年	292214511
2016年	313962519
2017年	342077546
2018年	369958000
2019年	400465500

数据来源：国家统计局网站

我国国家财政性教育经费支出，2007年为8280.21亿元，2019年上升为40046.55亿元，12年的时间增长了3.84倍，平均年增长率为31.97%。这一增长速度远高于我国GDP的增长速度，由此可以看出我国政府对教育的高度重视。

表5　我国各层次教育国家财政预算内教育经费（2007—2011年）

单位：万元

年份	高等学校	中等职业学校	中学	小学
2007年	15999151	4408752	22934512	25179148
2008年	19986369	5855492	29285708	31129002
2009年	22493469	7086185	35350376	37701029
2010年	27777956	8325194	41159888	43896249
2011年	38303348	10379263	50782295	53147915

数据来源：国家统计局网站

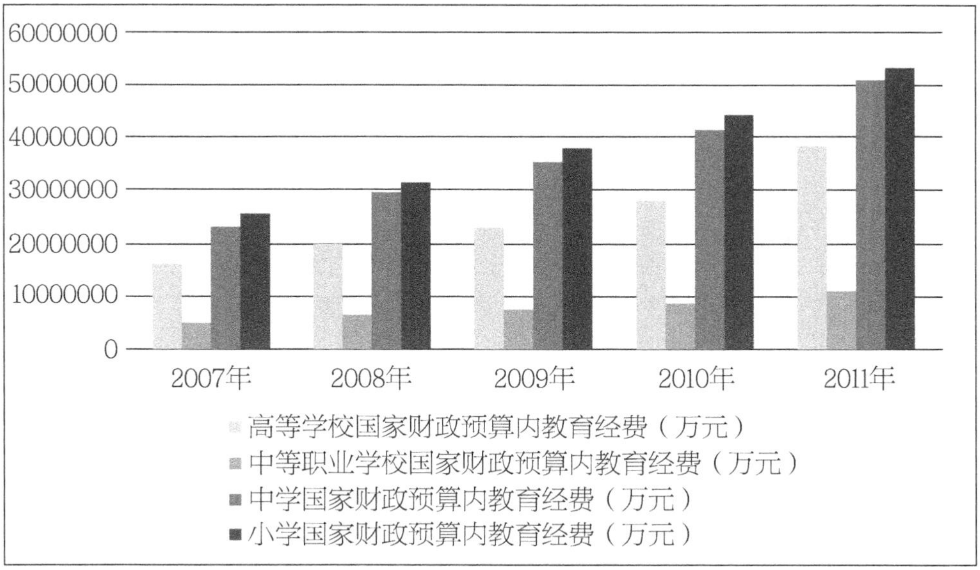

图2　我国各层次教育国家财政预算内教育经费（2007—2011年）

从图4可以直观地看出，从2007年到2011年，我国各层次教育国家财政预算内教育经费都在快速增长。高等教育、中等职业教育、中学教育、小学教育分别增长了1.39倍、1.35倍、1.21倍和1.11倍，年均增长率分别为34.85%、33.85%、30.35%和27.77%。从经费投入的总量来看，从高到低分别为小学教育、中学教育、高等教育和中等职业教育。这一情况符合我国教育的实际，作为基础教育的中小学教育在校学生基数大，教育经费投入总量也大，但由于普及九年义务教育以及计划生育政策，中小学在校生数量的增长速度比不上高等教育和中等职业教育，在有些地区和年份，中小学的在校生数有负增长。

附件3　我国医疗卫生事业的发展和变化

表1　我国每万人拥有技术人员和执业（助理）医师数（2001—2019年）

单位：人

年份	卫生技术人员	城市卫生技术人员	农村卫生技术人员	执业（助理）医师数	城市执业（助理）医师数	农村执业（助理）医师数
2001年	36	52	24	17	23	12
2002年	34	0	0	15	0	0
2003年	35	49	23	15	21	10
2004年	35	50	22	16	22	10
2005年	35	58	27	16	25	13
2006年	36	61	27	16	26	13
2007年	37	64	27	16	26	12
2008年	39	67	28	17	27	13
2009年	42	72	29	17	28	13
2010年	44	76	30	18	30	13
2011年	46	79	32	18	30	13
2012年	49	85	34	19	32	14
2013年	53	92	36	20	34	15
2014年	56	97	38	21	35	15
2015年	58	102	39	22	37	16
2016年	61	104	41	23	38	16
2017年	65	109	43	24	40	17
2018年	68	109	46	26	40	18
2019年	73	111	50	28	41	20

数据来源：国家统计局网站

从表1可以看出，2001年以来，我国卫生技术人员的队伍不断扩大。从每万人拥有卫生技术人员数来看，2001年该指标数为36人，2019年为73人，增长了1.03倍，平均年增长率为5.71%。按照城乡划分来看，2001年，我国每万人拥有城市卫生技术人员数为52人，每万人拥有农村卫生技术人员数为

24人，2019年这两个指标分别为111人和50人，分别增长了1.13倍和1.08倍，年均增长率分别为6.3%和6.0%。从年均增长速度看，农村和城市区别不大，但从每年的绝对数看，城市卫生技术人员的数量远高于农村卫生技术人员的数量，这从一个侧面反映了我国城市和农村在医疗资源数量上的不均衡。从每万人拥有执业（助理）医师数来看，2001年的这一指标为17人，2019年为28人，增长了0.65倍。从城乡划分来看，2001年城市和农村每万人拥有执业（助理）医师数分别为23人和12人，2019年分别为41人和20人，分别增长了0.78倍和0.67倍，平均年增长率分别为4.35%和3.70%。从增长率看，城市和农村相当，但从每年的绝对数看，城市大约是农村的2倍，反映了我国城市和农村在医疗资源质量上的不均衡。

表2　我国每万人拥有注册护士数（2001—2019年）

单位：人

年份	注册护士数	城市注册护士数	农村注册护士数
2001年	10	17	5
2002年	10	0	0
2003年	10	16	5
2004年	10	16	5
2005年	10	21	7
2006年	11	22	7
2007年	12	24	7
2008年	13	25	8
2009年	14	28	8
2010年	15	31	9
2011年	17	33	10
2012年	18	36	11
2013年	20	40	12
2014年	22	43	13
2015年	24	46	14
2016年	25	48	15
2017年	27	50	16

续表

年份	注册护士数	城市注册护士数	农村注册护士数
2018年	29	51	18
2019年	32	52	20

数据来源：国家统计局网站

表2的数据显示，2001年，我国每万人拥有注册护士数为10人，城市为17人、农村为5人；2019年，我国每万人拥有注册护士数为32人，城市为52人、农村为20人。18年间，每万人拥有注册护士数增长了2.2倍，城市增长了2.06倍、农村增长了3倍，平均年增长率为12.22%，城市为11.44%、农村为16.67%。从增长速度看，农村要高于城市；从绝对数看，农村远低于城市，但这种差距在逐年缩小。

表3　我国每万人机构床位数（2007—2019年）

单位：张

年份	机构床位数	城市机构床位数	农村机构床位数
2007年	28.29	49	20.01
2008年	30.46	51.7	22
2009年	33.15	55.4	24.1
2010年	35.8	59.4	26
2011年	38.04	62.4	28
2012年	42.4	68.8	31.1
2013年	45.5	73.6	33.5
2014年	48.5	78.37	35.4
2015年	51.1	82.7	37.1
2016年	53.68	84.13	39.09
2017年	57.22	87.54	41.87
2018年	60.28	87	45.6
2019年	63	87.81	48.09

数据来源：国家统计局网站

表1和表2为我国医护人员的数量情况，反映了医疗卫生领域软实力方面的变化，表3为我国每万人机构床位数情况，从一定程度上反映了我国医疗卫生领域硬件方面的发展。2007年，我国每万人机构床位数为28.29张，城市为49张、农村为20.01张；2019年，我国每万人机构床位数为63张，城市为87.81张、农村为48.09张。12年间，我国每万人机构床位数增长了1.23倍，城市增长了0.79倍、农村增长了1.40倍；年平均增长率为10.22%，城市为6.6%、农村为11.69%。从床位的绝对数量来看，城市要高于农村，但从增长速度看，农村要远高于城市，这说明城乡之间在医疗卫生硬件方面的差距也在逐年缩小。

参考文献

[1] Schultz，T W. Investment in Human Capital［J］. The American Economic Review，1961，51（5）：1035-1039.

[2] Romer，P M. Increasing Returns and Long-Run Growth［J］. Journal of Political Economy，1986：1002-1037.

[3] Lucas，R E. On the Mechanism of Economic Development［J］. Journal of Monetary Economic，1988，22：3-42.

[4] Becker，Gary S，Murphy，Kwvin M，et al. Human capital：A Theoretics, Fertility, and Economic Growth［J］. Journal of Political Economy，1990，98（5）.

[5] Oded Galor，Daniel Tsiddon. The distribution of human capital and economic growth［J］. Journal of Economic Growth，1997，2（1）：93-124.

[6] Amparo Castello，Rafael Domenech. Human Capital Inequality and Economic Growth: Some New Evidence［J］. The Economic Journal，2002，112（2）：187-200.

[7] Galor O，J Zeira. Income Distribution and Macroeconomics［J］. Review of Economic Studies，1993，60：35-52.

[8] Borensztein E，Gregorio J D.，Lee J.W. How does foreign direct investment affect economic growth?［M］. Journal of International Economics，1998.

[9] Lankhuizen M. Catching up, Absorption Capability and the organization of Human Capital［J］. JEL classification，2001.

[10] Massimo Giannini. Accumulation and distribution of human capital: the interaction between individual and aggregate variables［J］. Economic Modelling，2003，20：1053-1081.

[11] Barro R J，Lee J W. International comparisons of educational attainment［J］. Journal of Monetary Economics，1993，32（3）：364-394.

[12] Mankiw，N Gregory，Romer David，Weil David N. A Contribution to the Empires of Economic Growth［J］. Quarterly Journal of Economics，1992，107（2）：407-437.

[13] 罗伯特·M. 索洛，等. 经济增长因素分析［M］. 史清琪，等译. 商务印书馆，1999.

[14] Robet J Barro，Xavier Sala-I-Martin. Economic Growth［M］. McGraw Hill，1995.

[15] Robet J Barro，Xavier Sala-I-Martin. Public Finance in Models of Economic Growth［J］.

Review of Economic Studies, 1992, 59: 645-661.

[16] R J Barro. A Cross-Country Study of Growth, Saving, and Goverment [M]. NBER working paper, 1991.

[17] R J Barro, Xavier Sala-I-Martin. Technological Diffusion, Convergence, and Growth [M]. Universitat Pompeu Fabra, 1995.

[18] R J Barro, J W Lee. International Data on Educational Attainment: Updates and Implications [M]. Manuscript, Harvard University, 2000.

[19] Jones, Charles I. Time Series Tests of Endogenous Growth Models [J]. Quarterly Journal of Economics, 1995, 110 (2): 495-525.

[20] Jones, Charles I. Growth: With or Without Scale Effects? [J]. American Economic Review, 1999, 5: 139-144.

[21] Mincer J. Investment in Human Capital and Personal Income Distribution [J]. Journal of Political Economy, 1958, 66.

[22] Uzawa H. Optimum Technical Change in an Aggregative Model of Economic Growth [J]. International Economic Review, 1967, 6 (18): 31-65.

[23] Sheshinski E, K Shelled. Optimal Accumulation with Learning by Doing Essays on the Theory of Optimal Growth [M]. Cambridge, MA: MIT Press, 1967.

[24] Juan A Rojas. On the interaction between education and social security [J]. Review of Economic Dynamics, 2004, 7.

[25] North, Douglas. Institutions, Transaction Costs and Economic Growth [J]. Economic Inquiry, 1987, 25 (3): 419-420.

[26] North, Douglas. Institutions, Institutional Change and Economic Performance [M]. New York: Cambridge University Press, 1990.

[27] Michael, Kaganovich, Itzhak, et al. Education, Social Security, and Growth [J]. Journal of Public Economics, 1999, 71.

[28] Michael J Pries. Social Security Reform and Intertemporal Smoothing [J]. Journal of Economic Dynamics & Control, 2007, 31: 25-54.

[29] Michal Kejak. Stages of Growth in Economic Development [J]. Journal of Economic Dynamics and Control, 2003, 5 (27).

[30] Luca, Spataro. Social Security Incentives and Retirement Decisions in Italy: An

Empirical Insight [J] . Research in Economics，2005，59：223-256.

[31] Michael Kaganovich，Itzhak Zilcha. Education, Social Security, and Growth [J] . Journal of Public Economics，1999，71：289-309.

[32] Jones，Charles I. Growth: With or Without Scale Effects? [J] . American Economic Review，1999，5：139-144.

[33] James E. The Political Economy of Social Security Reform: A Crosscountry Review [J] . Annals of Dublic and cooperative economics，1998，69 (4) .

[34] Diamond J. Government Expenditure and Economic Growth: An Empirical Investigation [M] . International Monetary Fund，Washington，D.C, working paper，1989.

[35] Cruz A Echevarria，Amaia Iza. Life Expectancy, Human Capital, Social Security and Growth [J] . Journal of Public Economics，2006，90 (12) .

[36] Willem H Buiter，Kenneth M Kletzer. Capital Mobility, Fiscal Policy, and Growth under Self financing of Human Capital Formation [J] . Canadian Journal of Economics. 1995，2 (8) ：94-163.

[37] Chengze Simon Fan, Jody Overland，Michael Spagat. Human Capital, Growth, and Inequality in Russia [J] . Journal of Comparative Economy，1999，27 (4) .

[38] 阿瑟·刘易斯. 经济增长理论 [M] . 周师铭，沈丙杰，沈伯银，译. 上海：上海三联书店，上海人民出版社，1995.

[39] 蔡晓月. 人力资本结构与经济增长关系研究综述 [J] . 经济学动态，2004，6.

[40] 马拴友. 中国公共资本与私人部门经济增长的实证分析 [J] . 经济科学，2000，6.

[41] 马拴友. 财政政策与经济增长 [M] . 北京：经济科学出版社，2003.

[42] 余长林. 人力资本投资结构及其经济增长效应——基于扩展MRW模型的内生增长理论与实证研究 [J] . 数量经济技术经济研究，2006，12.

[43] 杨建芳，龚六堂，张庆华. 人力资本形成及其对经济增长的影响——一个包含教育和健康投入的内生增长模型及其检验 [J] . 管理世界，2006，5.

[44] 邹薇，代谦. 技术模仿，人力资本积累与经济赶超 [J] . 中国社会科学，2003，5.

[45] 刘海英，赵英才，张纯宏. 人力资本"均化"与中国经济增长质量关系研究 [J] . 管理世界，2004，11.

[46] 陈浩. 人力资本对经济增长影响的结构分析 [J] . 数量经济技术经济研究，2007，8.

[47] 郭继强. 人力资本投资的结构分析 [J] . 经济学季刊，2005，3.

[48] 张一力. 从人力资本结构看区域经济发展模式的选择［J］. 经济学动态，2005，7.
[49] 张一力. “温州模式”与“苏南模式”人力资本结构比较研究［J］. 财贸经济，2006，6.
[50] 李秀敏. 人力资本，人力资本结构与区域协调发展［J］. 华中师范大学学报（人文社会科学版），2007，5.
[51] 杨蓉，赵曙东，刘正良. 人力资本分布结构与FDI效应差异［J］. 南京社会科学，2006，1.
[52] 陈剑. 基于经济增长的人力资本结构模式与调整［J］. 科学经济社会，2006，3.
[53] 王成新，孙晓鸥. 中国区域人力资本结构模式的实证研究［J］. 湖北经济学院学报（人文社会科学版），2006，5.
[54] 李福柱. 人力资本结构刍议［J］. 山东师范大学学报（人文社会科学版），2005，6.
[55] 李建民，王金营. 人才资源在经济增长中的作用研究——来自京津沪三城市的实证结果［J］. 人口与经济，1999，5.
[56] 林宇坤，任若恩. 人力资本对中国1987年～2000年经济增长率的贡献研究［J］. 生产力研究，2005，3.
[57] 李亚玲，汪戎. 人力资本分布结构与区域经济差距——一项基于中国各地区人力资本基尼系数的实证研究［J］. 管理世界，2006，12.
[58] 周其仁. 市场里的企业——一个人力资本与非人力资本的特别合约［J］. 经济研究，1996，6.
[59] 周其仁. 产权与制度变迁：中国改革的经验研究［M］. 北京：北京大学出版社，2004.
[60] 胡定远. 人力资本投资理论的新进展［J］. 经济学动态，2005，1.
[61] 廖楚晖. 人力资本与教育财政研究［M］. 北京：中国财政经济出版社，2005.
[62] 廖楚晖. 政府教育支出区域间不平衡的动态分析［J］. 经济研究，2004，6.
[63] 廖楚晖，于凌云. 养老保险与人力资本投资的研究新进展［J］. 经济学家，2009，3.
[64] 于凌云，蒋玉石. 养老保险，人力资本的公共支出效应研究［J］. 财贸经济，2008，2.
[65] 廖楚晖. 中国人力资本和物质资本的结构及政府教育投入［J］. 中国社会科学，2006，1.
[66] 蔡昉，都阳. “文化大革命”对物质资本和人力资本的破坏［J］. 经济学季刊，2003，4.
[67] 林毅夫. 发展战略，自生能力和经济收敛［J］. 经济学季刊，2002，1.
[68] 李忠民. 人力资本：一个理论框架及对中国一些问题的解释［M］. 北京：经济科学出版社，1999.
[69] 莫志宏. 人力资本的经济学分析［M］. 北京：经济管理出版社，2004.
[70] 舒元，徐现祥. 中国经济增长模型的设定：1952～1998［J］. 经济研究，2002，11.

[71] 陈长民. 改善社会保障环境，促进人力资本开发［J］. 统计与决策，2005，14.

[72] 陈正. 我国农村人力资本投资与社会保障研究［J］. 经济纵横，2007，4.

[73] 黎德福，陈宗胜. 改革以来中国经济是否存在快速的效率改进［J］. 经济学季刊，2006，6.

[74] 云鹤，刘涛，舒元. 协调改善，知识增进与经济持续增长［J］. 经济学季刊，2004，3.

[75] 王宇，焦建玲. 人力资本与经济增长之间关系研究［J］. 管理科学，2005，2.

[76] 边雅静，沈利生. 人力资本对我国东西部经济增长影响的实证分析［J］. 数量经济技术经济研究，2004，12.

[77] 何大安. 投资流向与结构调整，结构升级的关联分析［J］. 经济研究，2001，11.

[78] 胡鞍钢，熊义志. 大国兴衰与人力资本变迁［J］. 教育研究，2003，4.

[79] 庄子银，邹薇. 公共支出能否促进经济增长：中国的经验分析［J］. 管理世界，2003，7.

[80] 张军，增长. 资本形成与技术选择：解释中国经济增长下降的长期因素［J］. 经济学（季刊），2002（1）.

[81] 易纲. 理解中国经济增长［J］. 中国社会科学，2003（2）：45-59.

[82] 郭克莎. 中国：改革中的经济增长与结构变动［M］. 上海：上海三联书店，1996.

[83] 罗伊·哈罗德. 动态经济学［M］. 黄范章，译. 北京：商务印书馆，1981.

[84] 阿吉翁，等. 内生增长理论［M］. 陶然，等译. 北京：北京大学出版社，2004.

[85] 罗伯特·J. 巴罗，夏威尔·萨拉-伊-马丁. 经济增长［M］. 夏俊，译. 北京：中国社会科学出版社，2000.

[86] 罗伯特. M. 索罗. 经济增长因素分析［M］. 史清琪，选译. 北京：商务印书馆，2003.

[87] 邹薇等. 技术模仿，人力资本积累与经济赶超［J］. 中国社会科学，2003（5）：26-38.

[88] 易纲. 理解中国经济增长［J］. 中国社会科学，2003（2）：45-59.

[89] 沈坤荣. 新增长理论与中国经济增长［M］. 南京：南京大学出版社，2003.

[90] 沈坤荣，等. 投资效率，资本形成与宏观经济波动［J］. 中国社会科学，2004（6）：52-63.

[91] 舒元. 中国经济增长分析［M］. 上海：复旦大学出版社，1993.

[92] 周天勇. 劳动与经济增长［M］. 上海：上海三联书店，1994.

[93] 张建华，等. 外商直接投资，技术外溢与经济增长——对广东数据的实证分析［J］. 经济学（季刊），2003（3）：647-666.

[94] 陈建军. 中国的转轨经济与江浙模式［J］. 江海学刊，2000（6）：3-9.

[95] 郭志仪，丁刚. 基于PDL模型的我国省域城市化水平预测研究——以甘肃省为例［J］. 2005（3）：99-104.

[96] 王金营. 人力资本与经济增长［M］. 北京：中国财政经济出版社，2001.
[97] 王金营. 中国经济增长与综合要素生产率和人力资本需求［J］. 中国人口科学，2002（2）：13-19.
[98] 王金营. 西部地区人力资本在经济增长中的作用核算［J］. 中国人口科学，2005（3）：63-68.
[99] 樊瑛，等. 包含人力资本的宏观经济增长模型［J］. 北京师范大学学报（自然科学版），2004（3）：417-421.
[100] 张晓雪，等. 中国人力资本总量变动的影响因素分析：教育扩展和人口变动［J］. 北京师范大学学报（自然科学版），2004（3）：422-426.
[101] 钱雪亚，等. 中国人力资本水平实证研究［J］. 统计研究，2004（3）：39-45.
[102] 亚当·斯密. 国民财富的性质和原因的研究［M］. 郭大力，王亚南，译. 北京：商务印书馆，2002.
[103] 陈钊，等. 中国人力资本和教育发展的区域差异：对于面板数据的估算［J］. 世界经济，2004（1）：25-31.
[104] 边雅静，等. 人力资本对我国东西部经济增长影响的实证分析［M］. 数量经济与技术经济研究，2004（12）：19-24.
[105] 朱诩敏，等. 广东省经济增长中人力资本贡献的实证分析［M］. 中国工业经济，2002（12）：73-80.
[106] 刘海英. 人力资本“均化”与中国经济增长质量关系研究［M］. 管理世界，2004（11）：19-21.
[107] 田方，等. 中国人口迁移［M］. 北京：知识出版社，1986.
[108] 胡焕庸，等. 中国人口地理［M］. 上海：华东师范大学出版社，1984.
[109] 孙敬之. 中国人口［M］. 北京：中国财政经济出版社，1987.
[110] 仇为之. 对建国以来人口迁移的初步研究［J］. 人口与经济，1981，4.
[111] 魏津生. 国内人口迁移和流动研究的几个基本问题［J］. 人口与经济，1984，4.
[112] 张庆五. 略论我国的户口迁移政策［J］. 中国人口科学，1988，2.
[113] 马侠. 三十多年来我国的国内人口迁移及今后的展望［J］. 人口与经济，1987，2.
[114] 杨云彦. 八十年代中国人口迁移的转变［J］. 人口与经济，1992，5.
[115] 李梦白，胡欣. 流动人口对大城市发展的影响及对策. 北京：经济日报出版社，1991.

[116] 陈贤寿，等. 武汉市流动人口家庭化分析及对策思考［J］. 中国人口科学，1999（5）：44-47.
[117] 秦德文. 阜阳地区民工潮回流现象的调查与思考［J］. 中国农村经济，1994，4.
[118] 吉平. 北京市迁入移民的来源，类型和年龄构成［J］. 人口与经济，1983，5.
[119] 杨云彦. 中国人口迁移与发展的长期战略［M］. 武汉：武汉出版社，1994.
[120] 蔡昉. 劳动力流动的政治经济学［M］. 上海：上海人民出版社，2003.
[121] 蔡昉. 转轨时期劳动力迁移的区域特征［J］. 中国人口科学，1998（5）：18-24.
[122] 丁金宏，等. 外来民工对上海市职工再就业的影响及对策研究［J］. 科技导报，1995，6.
[123] 赵敏. 上海若干企业外来劳动力研究［J］. 中国人口科学，1995，3.
[124] 罗伯特 M 索罗. 增长理论一种解析［M］. 2版. 冯健，等译. 北京：中国财政经济出版社，2004.
[125] 阿瑟·刘易斯. 经济增长理论［M］. 周师铭，沈丙杰，沈伯根，译 北京：商务印书馆，2002.
[126] 查尔斯 I. 琼斯. 经济增长导论［M］. 舒元，译. 北京：北京大学出版社，2002.
[127] 赵耀辉. 中国农村劳动力流动及教育在其中的作用［J］. 经济研究，1997，2.
[128] 威廉·鲍莫尔. 资本主义的增长奇迹［M］. 彭敬，译. 北京：中信出版社，2004.
[129] 杨小凯. 新兴古典经济学与超边际分析［M］. 北京：社会科学文献出版社，2003.
[130] 朱勇. 新增长理论［M］. 北京：商务印书馆，1999.
[131] 马尔萨斯. 人口原理［M］. 朱泱，胡企林，朱和中，译. 北京：商务印书馆，2001.
[132] 约瑟夫·熊彼特. 经济发展理论［M］. 何畏，易家详，张军扩，等译. 北京：商务印书馆，1997.
[133] 汤敏，茅于轼. 现代经济学前沿专题（第二集）［M］. 北京：商务印书馆，2002.
[134] 谭崇台. 发展经济学的新发展［M］. 武汉：武汉大学出版社，1999.
[135] 沈坤荣. 新增长理论与中国经济增长［M］. 南京：南京大学出版社，2003.
[136] 格罗斯曼，赫尔普曼. 全球经济中的创新与增长［M］. 何帆，等译. 北京：中国人民大学出版社，2003.
[137] 雅各布·明塞尔. 人力资本研究［M］. 张凤林，译. 北京：中国经济出版社，2001.
[138] 西奥多·舒尔茨. 对人进行投资：人口质量经济学［M］. 吴珠华，译. 北京：首都经济贸易大学出版社，2002.
[139] 陈金光，等. 贝克尔评传［M］. 山西：山西经济出版社，1998.

[140] 潘士远，史晋川. 新增长理论与中国经济增长经济学季刊［J］. 经济学（季刊），2003，7.
[141] 诺斯. 制度，制度变迁与经济绩效［M］. 上海：上海三联书店，1994.
[142] 罗伯特·巴罗. 经济增长的决定因素——跨国经济研究［M］. 李剑，译. 北京：中国人民大学出版社，2003.
[143] 速水佑次朗. 发展经济学——从贫困走向富裕［M］. 李周，译. 北京：社会科学文献出版社，2003.
[144] 阿马蒂亚·森. 以自由看待发展［M］. 任赜，于真，译. 北京：中国人民大学出版社，2003.
[145] 林毅夫. 中国经济增长没有现成模式［J］. 政策，2004（1）：24-25.
[146] 郝寿义，安虎森. 区域经济学［M］. 北京：经济科学出版社，1999.
[147] 韦苇. 中国西部经济发展报告（2005）［M］. 北京：社会科学文献出版社，2005.
[148] 郭志仪，等. 三江源地区可持续发展的制度选择［J］. 改革，2005（10）：46-50.
[149] 高新才，等. 西部大开发：国家战略的变迁与完善［J］. 兰州大学学报（社会科学版），2005（3）：9-14.
[150] 陈共炎. 中国区域经济发展比较研究［M］. 北京：北京工业大学出版社，1994.
[151] 王善迈. 教育投入与产出研究［M］. 石家庄：河北教育出版社，1999.
[152] 边雅静，等. 人力资本对我国东西部经济增长影响的实证分析［J］. 数量经济技术经济研究，2004（12）：19-24.
[153] 李京文，等. 中国生产率分析前沿［M］. 北京：社会科学文献出版社，1998.
[154] 边雅静. 健康因素对我国经济增长的贡献［J］. 经济论坛，2005，24.
[155] 邓文胜. 我国人口迁移及其对社会经济的影响［J］. 江汉论坛，2000（9）：91-93.
[156] 王桂新. 中国经济体制改革以来省际人口迁移区域模式及其变化［J］. 人口与经济，2003，3.
[157] 王桂新，等. 1990年代后期我国省际人口迁移区域模式研究［J］. 市场与人口分析，2003，4.
[158] 丁金宏. 中国人口迁移的区域差异与流场特征［J］. 地理学报，2005，1.
[159] 张明如. 具有内生劳动力迁移的经济增长模型［J］. 南京财经大学学报，2005，7.
[160] 戴维·罗默. 高级宏观经济学［M］. 苏剑，罗涛，译. 北京：商务印书馆，2003.
[161] 邓翔. 经济趋同理论与中国地区经济差距的实证研究［M］. 成都：西南财经大学出版社，2003.